福建连家船民新生

叶世满 主编

海峡出版发行集团 | 福建人民出版社
THE STRAITS PUBLISHING & DISTRIBUTING GROUP | FUJIAN PEOPLE'S PUBLISHING HOUSE

图书在版编目（CIP）数据

福建连家船民新生 / 叶世满主编 ; 邓启明, 王国栋, 翁伟志副主编. -- 福州 : 福建人民出版社, 2024. 8.

ISBN 978-7-211-09403-5

Ⅰ. F327.57

中国国家版本馆CIP数据核字第20241FA949号

福建连家船民新生

FUJIAN LIANJIA CHUANMIN XINSHENG

主　　编：叶世满
副 主 编：邓启明　王国栋　翁伟志
责任编辑：季奎奎
责任校对：林乔楠
出版发行：福建人民出版社　　**电　　话：**0591-87604366(发行部)
网　　址：http://www.fjpph.com　　**电子邮箱：**fjpph7211@126.com
地　　址：福州市东水路76号　　**邮　　编：**350001
经　　销：福建新华发行（集团）有限责任公司
印　　刷：福建新华联合印务集团有限公司　　**电　　话：**0591-88208420
地　　址：福州市晋安区福兴大道42号
开　　本：700毫米×1000毫米 1/16
印　　张：12.5
插　　页：12
字　　数：210千字
版　　次：2024年8月第1版
印　　次：2024年8月第1次印刷
书　　号：ISBN 978-7-211-09403-5
定　　价：58.00元

本书系福建省习近平新时代中国特色社会主义思想研究中心重大项目“习近平总书记关于乡村振兴的重要论述研究”（项目批准号：FJ2023XZZ002）等的阶段性研究成果。

《连家船民的幸福生活》　郑彦民

◎入选第十四届全国美术作品展览

◎国家艺术基金 2023 年度美术创作资助项目

◎ 2020 年度福建省文艺发展专项资金项目

◎第八届福建艺术节美术书法优秀作品展评优秀奖

《下岐之一》　　张青

《下岐之二》　张青

《港湾》　　张正德

《邂逅》　　冯世通

◎第 14 届中国高校美术作品学年展大学组入选作品

◎第二届集美·闽台大学生美术作品大赛入选作品

《船泊》　　何婷颖

◎“美丽中国·全国生态文化精品工程”作品征集暨全国生态环境创意设计成果展学生组二等奖

◎ 2023“国青杯”全国高校艺术设计作品展评学生组二等奖

《荡漾》　冯世通

《渔舟》 赵奥晴

《归》　　高安南

《海港》　　林潞

《浅滩船影》　　苏明峰

《漂泊》　　赵奥晴

《日出印象》　何婷颖

《下岐》　赵奥晴

《渔民人家》　赵奥晴

《下岐村》　　张育宁

《小巷人家》　　杨童语

《下岐风华》　　苏明峰

《下岐村渔民广场》　　池江琳

目　录

前　言

为深入贯彻习近平总书记关于实现巩固拓展脱贫攻坚成果同乡村振兴有效衔接的重要指示精神和2021年3月25日来校考察重要讲话精神，闽江学院乡村振兴研究院组织学校相关专业师生成立了由校党委书记叶世满担任组长的“福建连家船民上岸与新生”项目组，力求全面回顾习近平同志推动福建连家船民上岸定居及其所在乡村逐步发展建设、村民“过上幸福生活”的历程；同时，通过深入调查研究、科学分析研判，进一步规划设计连家船民定居乡村全面振兴的目标定位、可行路径及其配套措施。在调研过程中，我们深入学习习近平同志在福建工作期间开创的一系列重要理念和重大实践，深刻感悟习近平同志深厚的人民情怀和杰出的领导能力，一次又一次地接受了再教育。本书的完成，进一步激励我们要“把论文写在八闽大地上”，更好地服务区域经济发展和“三全育人”目标，更加自觉践行习近平同志兼任闽江职业大学校长时所确立的“不求最大，但求最优，但求适应社会需要”的办学理念。

福建连家船民，也称疍民，主要分布在福建沿海、沿江地区。他们世代以船为家，漂泊于水上，居无定所，是在特定历史条件下形成的特殊群体。新中国成立后，党和政府非常关心连家船民的上岸定居工作。值得关注的是，习近平同志在宁德、福州和福建省工作期间，曾深入基层调研，逐步谋划、推动连家船民“搬上来”“住下来”“富起来”系列工作。其间，福建各地有关县市和乡村也因地制宜推动实施“造福工程”“脱贫攻坚”等政策方针，实现了连家船民从“告别漂泊”“摆脱贫困”到“走向小康”的“华丽转身”。“没有连家船民的小康，就没有全省的小康”，既是共产党人的庄严承诺，也是全面建成小康社会的应有之义，为中国的扶贫攻坚和沿海沿江渔村的发展振兴树立了典范，其发展历程亟须我们进一步研究探索与宣传推广。

通过文献阅读、交流研讨，尤其是问卷调查和实地走访福州市闽江下游和乌龙江畔相关村庄和社区，罗源县和连江县相关村庄，宁德市蕉城区和福安市、霞浦县的相关村庄等闽东地区连家船民主要上岸定居的乡村，我们获得了大量调研材料，历经用心撰写、反复打磨与细致修改著成此书。除前言与后记，本书共七章，主要包括三个部分。

第一部分：福建连家船民历史与文化研究，即本书第一章，通过收集、整理福建连家船民相关历史文化资料，研究福建连家船民的历史文化，包括独特的衣食住行、婚丧嫁娶、节日习俗等生活习俗、家庭结构分工、谋生方式、社会流动、历史贡献等。然而，随着工业化、城市化进程的加快和自然资源与生态环境的变化，连家船民的生产生活发生了巨大改变。特别是实现上岸居住后，他们逐渐脱离了之前的生产生活环境，也逐渐改变了原有的习俗，与陆上村民的文化习俗趋同。

第二部分：福建连家船民上岸过程研究，即本书第二、三章，着重梳理习近平同志在福建工作期间逐步推动福建连家船民上岸的过程和主要做法、经验，以及福州市、宁德市相关县（市、区）持续推进连家船民上岸定居，逐步发展建设渔民新村，帮助连家船民“过上幸福生活”的过程。特别是党的十八大以来，当地党委、政府在以习近平同志为核心的党中央坚强领导下，逐步实现连家船民“居有所保、业有所得、学有所成、病有所医、老有所养、村有所强”，集中展示了习近平同志始终把人民记在心上，关心基层群众疾苦，认真履行共产党人初心和使命的过程。

第三部分：福建连家船民上岸定居乡村全面振兴研究，即本书第四至七章，通过文献阅读和实地调查研究，着重分析、把握连家船民上岸定居后在党和政府的引领下，各方面持续改善并过上幸福生活的历程、总体现状和面临的问题与挑战，以及进一步团结奋斗、早日实现乡村全面振兴和共同富裕的现实需求；同时通过整体分析和个案调查、分析比较、跟踪研究与政策设计等，因地制宜地提出配套发展策略与对策措施。建议相关部门、有关乡村和连家船民等一起努力做到“六个加强”，以期让连家船民在高质量发展中过上高品质的幸福生活：一是要加强村集体经济发展与基层党建工作，提升发展振兴的活力；二是要加强教育培训与现代特色产业的发展，增进融入社会的能力；三是要加强文旅资源综合开发及传承保护，增强持续发展的潜力；四是要加强连家船民相关研究及宣传推介，凝聚起全社会的合力；五是要加强海洋资源开发利用与保护相协调，实现产业持续发展；六是要加强和改进连家船民政策扶持与引导，扎实推进共同富裕。

此外，我们还组织地理与海洋学院及美术学院相关专业教师带领学生前往闽东连家船民上岸第一村——福安市下岐村进行采访与写生，较好发挥专业优势，生动描绘连家船民生产生活的图景，展现了连家船民日新月异的新生活以及近年组织实施乡村振兴战略带来的新风貌。

“我们不仅使他们搬上来、住下来，还要让他们富起来，真正安居乐业过上好日子。”党的十九大吹响了国家实施乡村振兴战略的号角，开启了加快农业农村现代化的新征程；党的二十大报告强调要“全面推进乡村振兴”。既要“坚持农业农村优先发展，坚持城乡融合发展，畅通城乡要素流动”，又要“加快建设农业强国，扎实推动乡村产业、人才、文化、生态、组织振兴”；既要“发展乡村特色产业，拓宽农民增收致富渠道”，又要“统筹乡村基础设施和公共服务布局，建设宜居宜业和美乡村”。这就为连家船民定居乡村发展建设和福建全面推进乡村振兴工作指明了前进方向、明确了奋斗目标，也提出了新的更高要求。

加快推进连家船民定居乡村全面振兴、携手走向共同富裕，是福建乡村振兴工作和社会主义现代化建设的重要组成部分，是党和政府的重要政治责任和历史使命。我们要扎实做好巩固拓展脱贫攻坚成果同乡村振兴有效衔接，真正实现连家船民上岸定居乡村“富起来”和“宜居宜业和美乡村”建设目标，走出一条具有沿海沿江渔村特色的乡村振兴之路，奋力谱写以中国式现代化全面推进中华民族伟大复兴的福建篇章！

第一章
福建连家船民的苦难历史与独特文化

在福建的历史上，曾经生活着一批特殊的群体，他们以船为家，终其一生都在船上度过；他们被称为“疍民”，因为与岸上陆居的百姓之间区分明显，所以常被称为“疍族”。关于疍民的记载，最早出现于东晋《华阳国志·卷一》中，但文中的“疍”是一个和奴、夷等并称的南方蛮族，并且住在巴蜀一带，和水居也没有什么关系。在此后关于闽粤地区疍民的记述中，“疍”也写作“蜑”“蜒”“蛋”“旦”等，还有将疍民称为“游艇子”“白水郎”“白水人”等的。福建民间对疍民有不同的称呼，如福州地区岸上居民称其为“郭倪”“曲蹄”“诃黎”“科题”“曲喜”“舸底”；宁德地区岸上居民称其为“船人”“屈蹄”“卢亭子”“裸艇子”等。称谓众多，主要是由于时代、地域以及各地方言的不同。它们或者是早期称谓在某些地区的残留沿袭，或者来自一些地区的封建统治者的歧视侮辱。①

追溯历史，福建疍民的构成也并非一成不变，除了土著蛮族及其后来的闽越人为早期的主体外，汉晋之后不同时期都有岸上居民加入并融合到这个群体中。在新中国成立后的民族认定中，由于疍民群体与汉族的融合度高，缺乏作为一个单独民族的特色，

---

① 林蔚文：《福建疍民名称和分布考》，《东南文化》1990年第3期。

因此现在更多称他们为“连家船民”“水上居民”。本章重点梳理他们在生活习俗、多元生计和社会地位等方面的发展变化情况。

一、福建连家船民的生活习俗

福建连家船民依水而生，生活在社会的底层，他们的习俗既受岸上居民文化的影响，又有自己的特色。其日常主食是从岸上换来的米粮，其他食物多为水产品；他们衣着简单实用，长年赤脚；以船为家或是在岸边搭建棚屋居住，条件简陋，生活极为艰苦。连家船民的喜宴办在船上，接亲时间依潮水而定，“骂亲家”“婚船哭”和“游月殿”是特有的婚俗；他们多采用土葬，丧葬礼俗与岸上居民趋同；连家船民也过传统节日，但过节形式具有水上人家的特色。唱渔歌是他们日常生活中颇具特色的部分。

（一）衣食起居

连家船民长年以船为家，居于水上，与陆上居民的生活方式迥异。正如蔡襄所说：“福唐水居船，举家栖于一舟。寒暑食饮，疾病婚姻，未始去是，微哉其为生也！然观其趣，往来就水取直以自给，朝暮饭蔬一柈，不知鼎饪烹调之味也；緼衣葛服，不知锦纨粲粲之美也；妇姑荆簪，不知涂脂粉黛之饰也；蓬雨席风，不知大宇曲房之适也。”① 可见连家船民在日常的服饰、饮食、居所等方面，都形成了独特的文化。

1. 饮食

连家船民靠水吃水，河海里的鱼虾是他们最容易获取的食物。“疍人请亲家，不是鱼就是虾”生动刻画出连家船民以水产品为主的饮食生活。由于长期漂泊在水上，缺少木柴，如果是沿海地区

① ［宋］蔡襄：《蔡襄全集》，陈庆元等校注，福建人民出版社，1999，第691页。

的连家船民，淡水资源也较为缺乏，煎煮不方便，因此他们常常将鲜活水产品用盐、料酒和其他配料腌制成“蛤鲜”“虾鲜”“蟹鲜”“牡蛎鲜”等生或半生制的食物。闽菜中最主要的调味品——虾油就是水产品腌制的产物。

连家船民日常饮食中的主食与岸上居民一样，也是米粮，但他们大多无田地可耕，须将渔获与岸上居民换取钱款之后购买。据调查，民国时“食”这一项支出就占了一个船民家庭（五口之家）总收入的50%以上。[①] 但购来的粮食并不够吃。连家船民平时一日三餐，夏天有时是两餐，主食常是地瓜米汤；若碰上不好的年景，只能靠采摘番薯藤、番薯叶充饥。桌上的配菜通常没有肉，一年之中只有在重要的节日，如清明节、端午节、中秋节、元宵节等，他们才吃肉、喝酒等。

由于船上空间有限，生活所需要的其他物品无法大量贮存，要根据情况灵活处理。南宋时陆游离开福州乘船北归时写下的《溪行二首》一诗中，就描绘了船户的生活场景：“蓬蒻鸣春雨，帆蒲挂暮烟。买鱼寻近市，觅火就邻船。愁卧醒还醉，滩行却复前。长年殊可念，力尽逆风牵。冒雨牵何急，争风力不余。逢人问虚市，计日买新蔬。烟寺高幡出，山畲一老锄。枕书醒醉里，短发不曾梳。”船户大抵都是疍民[②]。那时候生火很费事，船民多在灶膛用余灰捂存火种，留待下一餐继续用；一旦熄灭，便得等到附近有其他船时，向他们讨要火炭。又因为蔬菜不易保存，柴爿比较重，且很占空间，所以“计日买新蔬”，只能按行船日程做储备。

2. 服饰

连家船民以船为家，生活在水上，终身与风雨炎日搏斗，所

---

① 邹德珂、项孝挺：《福州市台江区小船户各种统计及其生活状况的调查》，《社会研究》1935年第1期。

② 林校生：《陆游笔下宁德的风土人情》，载《山风海韵：宁德市诗词学会作品集》，海峡书局，2017，第134页。

以个个身体结实，面色黝黑，臂力过人。由于长久住在船中，上限于篷，下限于舱，以致下身较短，腿微弯曲。不管男女老幼，在船上时多为赤足，这也是环境所致。一是行驶中的船摇荡不稳，赤脚的抓力比较大，有利于身体的稳定，方便撑船；二是浪飞水溅，经常冲刷船板，根本无法穿鞋；三是船民贫困，无力购买。久而久之，连家船民脚板宽大粗厚，不习惯穿鞋，即使上岸要穿鞋也总是趿着走。福州地区有歌谣唱道“曲蹄仔，脚弯弯，穿鞋没有拉后挡（后跟）”，还有歇后语“曲蹄穿靴——漫扒”（意指皮肤过敏般难受）。

连家船民着装比较简陋，男女多以土布为衣，衣服质地与花色相对单一，主要穿麻布染成的蓝黑、褐色的衣裤。女性的衣襟、袖领上常镶有寸余宽的黑色条边。衣裤皆宽松肥大，大袖口、大裤腿是其鲜明特征。福州连家船民所穿的裤子长只及膝盖，裤脚特别宽大，正如俗语说的“既像裙又像裤”，俗称“曲蹄裤”，又称“渔人裤”。宽松的裤脚不仅便于在船上劳作和盘腿而坐，而且由于船上生活空间有限，无遮无挡，拉撒不方便，所以不论男女均使用竹尿筒为小解器具。竹筒长二尺余，一头留竹节，一头凿空，将竹筒从宽大的裤脚伸入接尿。

厦门连家船民穿的是油衫裤。油衫裤是用本色的龙头细布裁制而成的，做好之后先在特制的红柴汁中染浸，擦两遍桐油，再涂一遍面油，全部干透后就可以穿了。这样的油衫裤穿起来舒适方便，能经受风雨和海浪的侵袭，经久耐用，独具特色。

闽东连家船民的衣服多用蓝青色或者褐色的粗布缝制，颜色与船帆的颜色基本一致。他们出海作业时穿一种特殊的裙子，这种裙子用咸草编织而成，可防海水侵蚀。由于生活贫困，连家船民很难有能力添置新衣，所着衣裤往往十分破旧，补丁摞补丁，因此被一些岸上居民讥为“九日干”，意为补丁层厚，洗后需晒九天才干。[①]

由于经济条件差，一些穷苦的连家船民甚至常年衣不蔽体。连江县东升村的连家船民说，“旧社会，冬愁棉，夏愁单，十二月卅怕年关”——盖的是破棉絮、破网片；穿的是破麻袋，一条裤子夫妻轮着穿，十几岁的孩子还光屁股。[②] 即使在新中国成立之后，部分地区也依然存在这种情况。1984 年，在宁德官井洋水面的一条连家船上，“1 个男人和 4 个孩子，衣衫褴褛如同海带一样挂在身上遮体，没有穿裤子”[③]。

在发型上，成年连家船民女性梳田螺髻（因形状如田螺而得名），髻尾朝天。未婚女子的额前头发披在一边，不得留齐眉发（陆上未婚女子齐发垂眉，叫齐眉发）。老年妇女则结髻，横插约五寸长的蛇形簪。此外还有一个与陆上居民不同的穿耳之风——连家船女所佩戴的耳环约有铜圆大，环下垂有饰物，以资点缀。[④]

3. 居所

船是连家船民最重要的财产，也是他们的住所，通常老少几代都一同住在船上。连家船分头舱、中舱、尾舱三个部分。头舱近似等边三角形，上铺木板，是生产劳动的场所。撑船人站在甲板上，举着竹篙用力撑船，船一靠岸就放下竹篙搬动“透板”（跳板），方便上岸。

中舱是生活区，上罩两片能前后推拉的拱形竹篷。竹篷用南方多见的竹条、竹叶做成，拱护着中舱。船头船尾的竹篷是活动

---

① 李健民：《品读福安》，云南大学出版社，2011，第 30 页。

② 郑昌新：《东升渔村巨变》，载中国人民政治协商会议福建省连江县委员会文史工作委员会编《连江文史资料》第七辑，1989，第 65 页。

③ 高琴主编《口述影像历史——与共和国同行（1949—1978）》第二卷，中国摄影出版社，2019，第 115 页。

④ 福建省档案馆编著《近代福建社会掠影》，中国档案出版社，2008，第 304 页。

的，平时收向中央，下雨时或寒冷的夜间再抽出。中舱的甲板上树立着笔直的桅杆，上挂刀形风帆，如降下风帆，则叠在竹篷上。竹篷下分为前后两个“舱堵”（船舱的隔间），中间用活动门板隔开。前堵由“曲蹄公”“曲蹄婆”居住，后堵供年轻夫妇及其子女栖息。衣物、棉被等物品均存放在甲板底下。

尾舱为瘦长的三角形，上铺木板，下藏瓦缸，内装米面。甲板上一边设炉灶，通常以黏土制成炉子，四周围以木栅，上有灶台，中放铁锅，福州人叫“鼎”，旁边挂着“鲎稀”（用鲎壳制成的水瓢）、“鼎筅”（锅帚）；一边放小饭桌、橱柜等物。船尾翘起，装着船舵，其上还有一根长长的“尾舵”，旁边配以木桨（福州人叫“扒涉”）。船尾处安一井字形的物件，如马桶一样供人大便时用。①

连家船布局紧凑，可谓“麻雀虽小，五脏俱全”，但毕竟空间有限。“渔人江上船为家，篷窗蜷曲藏如蜗。船头牵网船尾宿，终年辛苦嗟生涯。”他们也希望能上岸居住，但旧时由于岸上居民多不愿让连家船民在岸上买地建房，怕“风水”会被他们分去，因此部分连家船民会将自己的居所安置在水边的高处。

连家船民在岸边的民居主要有两种。一种是“居家船”。在连家船民经常往返的江岸避风处或滩涂上地势较高的地方，将短木按前中后三组夯实为基，把破旧的连家船抬架在木柱上，四周用木板遮挡，船体上蒙上防雨的竹篷就成为居所，一家人生活在架起来的“船”上。这其实是变漂荡水面的船为架高停泊的船。

另一种是较为固定的干栏式建筑，往往在人口稀少的江畔、港湾滩涂。为防水淹，连家船民以短木桩打基，在超过当地江河

---

① 张英慧：《水上追梦人——台江疍民生活趣事》，载中共福州市台江区委宣传部、福州市台江区文学艺术界联合会编《品读台江》，海峡文艺出版社，2012，第179—180页。

常年最高水位的高度横铺木架，然后再铺设杉木地板。地板周边围上木板，遮竹篷，建成高仅容人的小屋。它们最主要的特征是外部柱子、木板多涂黑色、红色或蓝红相间的油漆，十分醒目。地板下留空的空间则用来喂养家禽，少数人家也养兔子。

这两种居所都需用梯子上屋，虽然外表破旧简陋，屋内却洗刷得非常洁净；和在船上一样，需脱鞋（或换鞋）进屋。但不管是哪种房子都无法防风防雨，而且并不牢固。台风、洪水一到，就得赶紧卸下墙板，减少受力。

（二）婚丧礼俗

1. 婚俗

连家船民处于旧时社会的最底层，很少与岸上居民通婚。他们当中存在买卖婚姻的陋习，也有抱童养媳、同姓婚、入赘婚等婚姻形式。婚姻习俗与岸上居民颇有不同之处。

连家船民家中如有到了适婚年龄的女子，一般会在端午节前夕，放一盆花在船头，以示“有花待人采”。如《厦门志》记载：“港之内或维舟而水处，为人通往来，输货物。浮家泛宅俗呼曰‘五帆’。五帆之妇曰‘白水婆’。自相婚嫁。有女未字，则篷顶必种时花一盆。”① 但由媒人牵线搭桥的情况也很常见。青年男女认识大约一年时间之后，再谈婚论嫁，结婚前要算八字。受地方民俗的影响，闽东地区女子18岁忌出嫁。

连家船民的婚礼是在船上进行的。新娘不是看时辰上路，而是看潮水上路，因为她们乘的是轿船，走的是水路。接亲时，一般是男方派迎亲轿船到女方家的船旁迎娶，也有的是双方约定在某水面两家的船相靠，在两船的通路上遮以红布或红毡毯，新娘用

① 厦门市地方志编纂委员会办公室整理《厦门志》，鹭江出版社，1996，第516页。

四方红布蒙着头面，由父兄或长者扶掖过船，俗称“江妹仔爬过船”。

婚礼中比较特别的习俗有“骂亲家”和“婚船哭”。当迎亲队伍即将到来的时候，刚能瞅见男方家的婚船，女方的母亲就开始以歌唱的形式骂对方的船是“贼船”，骂对方要把自己的女儿给掳走。以宁德连家船民的《骂嫁歌》为例：

对面那条船是贼打的船，
贼头派四个贼子要把我家诸囝（女儿）扛过船。
贼心肝的贼头要偷我家诸囝的心，
还要偷我家诸囝的身。
我家人又愁来心又惊……①

女子在出嫁当日要躲在舱里哭嫁，即用哭腔唱《婚船哭》，哭爹娘，也哭兄弟。哭嫁是表达对父母的不舍。

爹啊爹，
留树会大，留竹会长，
留诸娘囝再大再长也替别人忖；
奶（娘）啊奶，
我一岁拈，两岁黏，
三岁嚎啼啼，四岁缠在鼎灶前，
五岁会梳头，六岁荡船头……
爹啊爹，奶（娘）啊奶，
曲蹄姆囝未做畅，

① 李健民：《闽东疍民研究三题》，载《第二届疍民文化学术研讨会论文集》，2013，第153页。

就要我去做诸娘，
今晡就到别人船……

连家船民的喜宴别开生面。由于连家船民多以船代步，且举家生活在一条船上，故喜宴也在船上进行，宾客赴宴时也往往是举家出动。故而福州谚语称之为："曲蹄仔吃酒，全厝连鸡都吃东家。"客人的船到后，按东家的安排面对面排成两列或船头相对围成月牙形或圆形，在来客的船头摆一簸箕，一家人沿簸箕席地盘腿而坐，吃菜喝酒。

连家船民的婚礼中还有"讨新妇尿"之俗。所谓"新妇尿"，是指由娘家陪嫁的家酿米酒，一般由女方事先送到男方。婚礼当天，迎娶新娘的轿船在江中行走或停泊。过往船只不管相识与否，都可上轿船讨"新妇尿"喝，喝完酒必须"送彩头"（即说祝福的话语）。讨酒的人越多，男方越高兴，表明新娘人缘越好，过门后人丁必旺。

结了婚之后的第一个中秋夜赏月时，新婚夫妇有一个几乎和婚礼同样隆重的"游月殿"仪式：事先将新人闺房摆设为月殿蟾宫，闺房里放一棵桂树枝，树枝上点一对小彩灯，并有人造花等做点缀，树下有蛤蟆、兔子等。新人床上罗帐分钩，床头点一对喜烛。再在船头露天搭一个小彩台，彩台上置些鲜花、花生、瓜子、桂圆、榛子、红枣等，一家大小依次列坐彩台旁。新婚夫妇二人重新穿起结婚礼服，新娘由婆婆陪伴，跟着新郎到彩台前，然后夫妻双双面朝月亮三跪九叩之后相携游月殿（回房），至蟾宫（床边）时，在喜烛前替对方卸装，各吹熄一根喜烛，才上床安寝。月殿的装饰物要等翌日才能拆除。①

连家船民家中男孩结婚成家时，如果条件允许，父母会建造

① 惠西成、石子编《中国民俗大观》（上），广东旅游出版社，1988，第126页。

或购买一艘新的船为孩子建立新家庭和创业奠定良好的基础。如果经济条件差，新婚夫妇就只能与家人“同舟共济”了。为了区别“新房”，通常做法是用草席或布帘将船舱一分为二，新郎新娘睡一头，父母、弟妹睡另一头。

连家船民的贞节观念与陆上居民不一样，特别是在寡妇再嫁上。凡连家船妇丧偶，一般都另招新夫或再嫁，从来无守寡之风。兄死而弟未娶，倘若两情相悦则可兄终弟及，娶嫂为妻；若无弟或弟不愿娶，则寡妇须回娘家。

2. 丧俗

连家船民生活在水上，但死后实行土葬，福州的上渡、下渡曾有“舸黎山”，据说就是连家船民的埋葬地。早年福州城区一带信奉天主教的连家船民，会将死去的亲人埋葬在福州西北部的奉教山（或称曲蹄山，即今天的马鞍山）。有钱的连家船民选择坟地时也要看风水。而无力延请僧侣道士为死人“做七”的连家船民，往往用草席卷起亲人的遗体，悄悄到偏僻的荒野去“平埋”，这个埋葬过程不能被外人看见。

民国时期，福州连家船民的丧俗已与陆上居民相似：小船户家里若有人死了，其灵柩即放置在船里，七日之后入葬。凡稍有关系者，都送来香钱，多少则视其人之身份或彼此间感情深厚程度。丧家要延请僧侣道士超度，已送香钱的人，便至少要吃一顿。择了吉日吉辰下葬时，大家又来聚餐一次。[①] 富裕的连家船民家庭的“做七”仪式和岸上居民的方式差不多。“做七”即人死后于“头七”起设立灵座，供木主，每日哭拜，每隔七日做一次法事，设斋祭奠，依次至“七七”除灵为止。每七日棺木要加涂一重漆。有钱人家要做到“七七”，无钱的做到“三七”“五七”就入葬。连

① 邹德珂、项孝挺：《福州市台江区小船户各种统计及其生活状况的调查》，《社会研究》1935 年第 1 期。

家船民“做七”时要将棕做的鸟（状类鸭）插在船头，以表示船内有丧。父母死后，出嫁的女儿要送“金山”“银山”等物（纸扎）；娘家收到后就挂在船篷上，“做七”结束后把它们烧掉。到“六七”的时候，出嫁的女儿要预备礼物，叫作“送六七”。“送六七”要供奉菜十碗、饭一甑和各色纸箔明器。①

（三）节日习俗

福州连家船民因与陆上居民日常相处，各种习俗大抵相似。“他们对于生儿、生女、做寿、拜神、祭祀、过节、过年等风俗完全都和普通福州人一样。”② 不过在一些节日活动中，他们仍然保留着自身的特色。

1. 神诞民俗节日

由于经济水平、文化水平普遍较低，所以“万物皆有神灵，鬼神无处不在”的观念在连家船民中比较普遍。他们所崇拜的神灵十分庞杂，有“妈祖”“水部尚书陈文龙”“九使”“五灵公”“拿公”“太保”“文武太平王”“白马王”“圣王孙悟空”“戚奶”“水仙王”等。

民间信仰影响着连家船民的生活节奏，每月初一、十五两日，尤其是妇女，常用香花供奉神灵。遇神诞之日，他们还要大举庆祝，傀儡戏、评话、酒筵等是必有的娱乐活动。

2. 端午节

连家船民过端午节比过年还要隆重热闹，从五月初一至初五，所有男子要吃“龙船饭”、划龙舟。自上一年端午之后，谁家生一男孩，就负责办一席“龙船饭”，生女办半席，菜肴多少、质量等均有严格规定，由负责人一一登记，集中在这五天举办。初三、初

---

① 吴高梓：《福州蜑民调查》，《社会学界》1930 年第 4 期。

② 吴高梓：《福州蜑民调查》，《社会学界》1930 年第 4 期。

四、初五这三天有龙舟赛，担任龙舟划手的，每人身上都要有一件女性使用过的东西：有妻子的，大都是缚妻子的裤带；没有妻子的，可以去别人家妇女（只限疍民）那里偷，手帕、鞋袜、衣裤等都可以。万一失风被发现，被偷的女性也不会高喊“抓小偷”；如果被她丈夫看到，则会查明身份，如果是龙舟划手，则不会挨打。偷来的东西，龙舟赛结束之后要璧还。若是手帕等不值钱的东西，归还后就用火烧掉；若是较贵重的物品，要经“过火祭”之后，才好使用。“过火祭”非常简单：农历初二或十六的晚上，到岔路口点竹香、烧冥衣，把那归还的东西，于香火上绕两圈就成。①

3. 春节

连家船民过春节，跟岸上居民一样，要贴春联，由于船上地方小，他们多贴四方形的春联。不一样的是，连家船民有“泊船坞”的习俗。每年除夕中午涨大潮前，全家乘船至大江，舟首尾各插一条长竹篙，停泊江中迎接涨潮，谓之“发财和水涨一样”。开船前先将家中牲畜关、缚在树下，如有走失，也听其自然。在船中供神后一家人吃团圆饭。夜半涨潮时才驾船回原处。这也是连家船民除夕夜躲避债主索债的办法，叫作“迁篙”。② 正月初一，一家人都不离船。这天有诸多禁忌，如不说坏话（不吉利之言）、不骂人（包括小孩）、不吵架等。正月初二至初四，连家船民上岸对陆上居民唱贺新年的歌谣，用来讨米粿。他们采用的曲调既有传统的连家船民曲调，也有取自闽剧的清唱小调。演唱时右挎竹编小鼓篮，左挎一尺多长、内装半筒水的小竹筒，边唱边敲打用来伴奏。

---

① 惠西成、石子编《中国民俗大观》（上），广东旅游出版社，1988，第126页。

② 吴高梓：《福州蜑民调查》，《社会学界》1930年第4期。

（四）渔歌传唱

连家船民善于歌唱，通过口口相传流传至今的歌谣内容丰富，涉及生产劳动和生活习俗诸方面；形式多样，常见的有盘歌、贺年歌、婚嫁歌、行船歌、端午采莲歌、节令歌等，其中以盘歌和贺年歌最有特色。

盘歌原为连家船民自娱自乐的渔歌文化，后来逐渐形成了一种对歌酬答的习俗。连家船民在江中相遇，或月夜（特别是中秋夜）聚泊沿江地带（如福州的三县洲）时，往往举行“盘答”活动。对答必为一男一女、一唱一和，歌词内容包括了男女求爱、互相嘲谑、互相祝福等。开场歌为“一字这字像扁担，关公刘备请先生。三顾茅庐请诸葛，我请对面你先生”，“一条竹仔软丝丝，撩你对面来盘诗。跟你上段盘下段，莫盘呆诗盘好诗。一条竹仔软丝丝，请你有诗即便来。也有茶烟接应你，也有点心请你来”。开场歌唱完后，便开始对唱。有自诩的，如“老子自幼在江边，不怕地来不怕天。看尽青山绿水景，尝尽鱼虾蚬蚌鲜”；也有求偶的，如“十把竹篙一样圆，哥今下水去撑船。彩礼积够回家转，讨妹过门入洞房”；还有祈盼幸福的，如“哥汝尽管使力撑，好好送客回家乡。江上渔歌唱不尽，鱼香米香船也香”；也有善意戏谑的，如“水里戴花手战战，水里涂粉镜光光。水里画眉影弯弯，水里掏杖怕佬官”；也有宣扬地方特产的，如“洪塘篦梳好牌头，黄色蚬子好看头”；等等。对唱采用传统疍民曲调。除了开场歌、对唱中有固定的唱词外，演唱者可以随意编创，唱词由一方问另一方，另一方根据提问作出回答。这要求歌者反应敏捷，脱口而出。整个对唱场面充满着浓烈的生活气息。①

连家船民青年男女在求偶与嫁娶时，也通过唱情歌互诉情意。

---

① 林秀玉：《浮在闽江上的疍民歌谣》，《闽都文化》2017年第5期。

“新船落水喜绵绵，哥姓卜来妹姓连。自幼和哥在一起，两人同岁又同年。新船落水心喜欢，船过一滩又一滩。目头看哥哥微笑，目尾看妹妹心欢。”这首歌形象地表达了青年男女恋爱时的甜蜜。“有句话儿告诉哥，阿哥爱妹莫心多。苏木煲药因色死，石榴断枝因花多。身为男人心坦荡，见人妻好莫思量。人类不是禽兽族，安分守己幸福长。”这首歌谣以自然物象表达内心，希望男人不做负心郎，也反映了疍民女性的智慧。

连家船民的婚礼也离不开歌曲。新娘即将出嫁前的梳妆打扮，每一道程序都要唱与之相对应的歌。比如梳头有《梳头歌》，穿新衣有《穿衣歌》等。新娘的唱词大都来自长辈的口口相传，有些是唱歌过程中有感而发，表达对父母的不舍之情、对亲朋的答谢之意，以及对婚后幸福生活的美好憧憬等。连家船民女子出嫁时要边哭边唱，她们往往婚前数月就要开始学习，不会哭唱的女子会被人说“痴呆”。

贺年歌即连家船民在正月上岸贺年时所唱的歌。每年正月初三、元宵节，女性连家船民成群结队上岸贺年，挨家挨户边敲打竹筒（内装半筒水）边唱小曲或自编的歌谣、渔歌（“讨海歌”“曲蹄曲”，又称“唱糖粿角”）。相传在唐代末年，王审知为了能在福州站稳脚跟，安定福州，采取了通婚的政策以缓和民族矛盾，下令让随他南下福州的单身部卒娶当地土著女子为妻，在福州安家落户。为此，福州方言称男人为“唐部人”，称女人为“（无）诸部人”或“诸娘人”（意为无诸治下的女性）。由于这些男性均是军人，所以婚后不许土著来军营探视，也不许“诸娘人”回娘家。族人只好趁春节期间“唐部人”忙于访亲拜友之际，乔装为乞丐挨家挨户假装上门贺年、乞讨，实则寻找亲人，久而久之成为一种贺年习俗。

女性连家船民所唱的贺年歌，有祝福的，也有关于月令的，还有关于四季花木果品的，类型多样。如流传于福州台江的《闽江水上疍民贺年诗》："正月正头开大门，看见龙凤两飞翔；船下贺年船规矩，只求吉利呈福祥。姑嫂双双来贺年，红红橘灯挂厅前；好糍好果送乞奴，合家平安赚大钱。"连江县的《疍族讨糍》极尽恭维讨好，先是夸东家富裕："红红门角白白墙，三落大厝好排场。财主田租几千担，无数鸡鸭共牛羊。头落大厝大厅当，奴见大厝心慌张。公座横案件件有，古董玩物十把桩。"接着赞东家生活如意："廊下花架排奇花，各色牡丹真作佳。赛过天上神仙府，赛过人间宰相家。一合龙烛透天堂，财主酒库开上杭。盐仓当店开到尽，有吃有穿命包长。"最后希望能讨得糍："只要财主手头松一松，便可救奴一厝人吓。财主妈送糍喜欢欢，财主妈生仔会做官。"①

女性连家船民们唱贺年歌和要饭的性质不同，她们唱歌讨要的非饭非钱，而是年糕、馒头之类，多寡不拘。据说她们唱歌的主要原因，也不是为了讨糍，而是认为过年不去唱歌，一家人就会遭瘟，所以不论贫富都要沿门唱歌。

福州连家船民渔歌中的"端午采莲歌"，主要为端午龙舟赛募集经费唱的。"采莲"是福州端午节活动的序幕，一般从农历四月就开始了。他们以募捐对象（主要是做生意的店铺、有钱人家）为内容，以"采莲调"为曲子，现编对方爱听的讨口彩的词句来称赞、逗乐对方，让对方乐意捐款捐物。比如在皮鞋店门口的唱词："端午采莲到街边。一枝蒲艾门前插，竹叶裹粽四角尖。这里一间皮鞋店，鞋样款式很光鲜。远近客人都来买，穿上皮鞋走天边。"募捐中出手大方者，划龙舟时常被邀请坐龙头。②

连家船民的歌谣也是知识传播的重要载体，其中有许多介绍渔民四季的生产活动知识以及人们遵循农时季节、祈盼丰收等内

① 何绵山：《闽台文学论》，海洋出版社，2012，第258页。

② 林聪生：《福州传统习俗》，福建美术出版社，2020，第51页。

容。如罗源县的《渔家歌》：正月一来是新年，渔嫂上岸化新年。多谢姆婶糊共糕，好时好运大做年。二月一来海水青，准备讨海闹翻翻。有钱修船连补艋，无钱只好去靠妍。三月一来三月三，双脚跪着妈祖前，风台雷暴人会惊，请求妈祖保平安。四月一来霉（梅）雨天，不惊风台不惊暴，下海讨鱼快活仙，那惊起北做坏天。①

二、福建连家船民的生产习俗

连家船民多是夫妻二人共同劳动，女性同样承担繁重的工作。他们以船为生产工具，开展捕捞或水运。因为生计不一样，船只的类型也有所区别。为了维持生活，连家船民还要通过到岸上打短工、租种田地等方式增加收入。

（一）家庭结构与分工

连家船民以船为家，家庭是其最基本的社会组织，在新中国成立以前他们就盛行一夫一妻制。由于生活在船上，地方狭小，没有条件形成大家庭，儿女长大成家后都要分舟另居。连家船上夫妻两人同舟共济，丈夫在船头撒网，妻子在船尾摇橹，共同劳作。如果岸上有更多的赚钱机会，男子往往会到岸上谋生，女子则留守船上。比如在民国时期的福州台江，“家庭中的直接生产者多半是妇女，而不是男子，撑船渡客多属于妇女的任务。福州连家船民中的妇女，多半是身体强健、膂力过人……妇女就在他们的家里船上从事撑船运客、煮饭和看顾儿童等事务”②。连家船民

① 罗源县民间文学集成编委会编《中国民间歌谣集成·福建卷·罗源县分卷》，1989，第121页。

② 吴高梓：《福州蜑民调查》，《社会学界》1930年第4期。

妇女即使是在怀孕后，也不避风寒，仍旧与平时一样劳作。她们熟练地驾驶着船只在河道上、海面上穿行，来华的外国人对此十分惊叹："那船娘一足独立，像白鹤一样，她用膝盖护住她吸奶的婴孩，驾着舢板，漂过平滑如镜的水面……"①

虽然男女共同劳动，甚至女性还负担较多的家庭事务，但连家船民中仍存在男尊女卑的现象。据吴高梓调查，连家船民家庭组织的权力中心仍是以男子为主。"就父子的关系而言，父权为重；就夫妇的关系而言，夫权为重。父在家为家长，主理家庭中的一切事务；夫在家为家主，处理家庭中经济的出入。换一句话说，福州连家船民的家庭制度还是处于父权和夫权专制的时代。""（连家船民）妇女以力与汗所换来的金钱，却于她们工作之后入于她们的丈夫的囊中，受她们丈夫的压制。"②

连家船民普遍多子女。据福州台江的林姓连家船民回忆，他的父母生了18个孩子，不过因存活率不高，加上将无力抚养的孩子送人，最终只有3人留在身边。③ 孩子出世后，母亲就把小孩围缚在身上，继续往日的劳作。小孩周岁后开始学步，母亲为避免小孩跌落水中，就拿绳子拴其腰部。小孩从学步时就开始学练游水，所以个个都有一身好水性。闽东有俗语："曲蹄不会游，败祖宗名声。"连家船民的孩子很小就帮助父母做些力所能及的事情，比如摇橹等。长大成人成家后，有条件的家庭会给儿子一艘船独立生活。即使分船，家庭之间的联系也不会断，往往是一艘船作为主船停泊在固定位置，其他的船只外出捕捞，工作之余仍返回主船停泊之处，相互照应。

---

① 福建省炎黄文化研究会、中国人民政治协商会议福州市委员会编《福建海洋文化研究》，海峡文艺出版社，2009，第250页。

② 吴高梓：《福州蜑民调查》，《社会学界》，1930年第4期。

③ 康延平：《告别棚屋》，海峡文艺出版社，2001，第89页。

（二）水上谋生的船只类型

船只不但是连家船民的居家之所，还是他们的谋生工具。虽然都是连家船，但在不同的地方因用途各异也有不同的称呼。福州的连家船中历史悠久、用途最广的称为“小驳”，通常作为住家兼盘转货物之用。“小驳”多为木质结构，平头、平底、平尾，载重 8 吨左右，一般不用风帆，而以舵、桨推进，能出入于大江和城市内河之间，但不适于在风浪较大的河段航行。清末，福州港的“小驳”多至千艘，并按其专业分工，计有煤驳、米驳、柴驳、炭驳、板驳、鲚驳、海产驳和杂货驳等（俗称“八驳”）。①

福州连家船中还有一种被称为“家庭茶室”的居家船，是专门住家用的，甚少划动。居家船一般分为前中后三舱：后舱住年轻夫妇、中舱住未婚子女、前舱住老年夫妇。一些较大的居家船有上下两层，下层称“船底舱”，是睡觉之处；上层有茶几、单人沙发、中堂、穿衣镜等摆设；船篷有三张，中间一张较大，可以移动，若是天晴，高高架起来，像一个凉棚，非常美观。有这些设施的居家船，大都是供给游客们游玩休息，连家船民也可以赚些小钱。这些兼有茶室的居家船集中在福州台江的沿（闽）江一带，从大桥（万寿桥）下至第三码头，经常有好几百艘居家船停锚江中，行列整齐，但彼此间又有一定的间隔，留给出入代步的小船活动。每艘居家船都有一艘代步的小船，称为“船仔”。船仔各色各样，花花绿绿地穿梭往来，于是这里又被称为“水上市街”。②

闽东连家船的主体是活跃在闽东沿海和长溪、霍童溪、赤溪、

---

① 林开明主编《福建航运史（古近代部分）》，人民交通出版社，1994，第 291 页。

② 惠西成、石子编《中国民俗大观》（上），广东旅游出版社，1988 年，第 124 页。

罗汉溪、七都溪等水系的一种叫作“溪利”的渔船，船体首尾尖翘，可大可小（大者叫“溪利姆”，小者叫“溪利仔”），吃水较浅，适合在险滩浅濑航行，主要用于捕捞和水上运输，而且建造成本较低，很受连家船民的青睐。溪利船是木制帆船，吨位小，设备简陋；有风则扯帆借助风力，无风只好摇橹划桨。①

福安的水上运输和渔业生产主要使用大小两种渔船。小的渔船外形修长，两头尖翘，主要从事内河运输和内港鱼虾采捕，因而也叫“小钓船”。小钓船只许在本港采捕，不得在海上过夜。沿海渔民的渔船船体高大、厚实，经得起风浪，被称为“大钓船”。这种渔船只许竖单桅，同时不得往外省海面采捕；后来虽有所放松，但仍有种种限制，如不得驶往江南（江苏）海面等。

（三）捕捞与水运方式

连家船民以打渔为生，“破船挂破网，常年江上漂”。渔民们很多时候要凌晨一两点起锚打渔，清晨摇橹而归。正如宋代蔡襄在《宿海边寺》一诗中所描述的：“潮头欲上风先至，海面初明日近来。怪得寺南多语笑，蛋船争送早鱼回。”②

连家船民靠江海吃饭，他们在漫长的生产过程中积累了丰富的捕鱼经验。

在小溪、小河里捕鱼有以下几种方法。③ 捉鱼是最原始的捕鱼方法。鱼儿离不开水，只要把水排出去，就可徒手捉鱼。这种方法主要用于石沪捕鱼。摸鱼是在水中或在浅水石缝中徒手捕鱼。连

① 李健民：《闽东疍民的习俗与文化》，《宁德师专学报（哲学社会科学版）》2009 年第 4 期。

② ［宋］蔡襄：《蔡襄全集》，陈庆元等校注，福建人民出版社，1999，第 192 页。

③ 刘芝凤等：《闽台农林渔业传统生产习俗文化遗产资源调查》，厦门大学出版社，2014，第 213 页。

家船民深谙“水清无大鱼，浑水好摸鱼”的规律。叉鱼是最早使用工具捕鱼的方法。早期的鱼叉是一根削尖的木棍，后来发展为带铁叉的木杆鱼叉，之后又在鱼叉一端系绳，成为一种更灵活的带索叉。钓鱼也是一种古老的捕鱼方法。鱼钩多为铁制的，也有不用钩的，只在竹竿上系绳，绳头上穿饵，垂下水就可钓鱼了。钓鱼一般在傍晚或无事时进行，带有娱乐休闲性质。

在江海打渔的主要是夫妻档，保持着最传统的作业方式。① 渔具主要有手抛网、虎网、流缣（小型流刺网）、小围缯、土头拨（滩涂小围网）、船头缯、犁荚（小三角网）、浮钓、锦钓（小延绳钓）、虾笼、蟹笼等。不同的地方，渔具名称各有不同。明嘉靖《龙溪县志》载：“海乡之民多业渔，往往浮家泛宅，其目有罾艚、网艚、罢艚之类，皆为机网以取鱼。”据《富屯溪渔业志》记述，在富屯溪流域，当地的淡水捕捞可归纳为网罟渔业、钩钓渔业、鸬鹚渔业及陷阱渔业四大类。其中网罟渔业使用的主要有流刺网、固定刺网、掩网、椮网、推网、捞网、熬网、索索网和扣网等，计有八大类十余种渔具，以流刺网为主，掩网次之。

在不同的江海流域捕捞，有“讨小海”与“讨海”之分。“所谓‘讨小海’者，系在港内捕鱼，如寻捕贝类、蟳虾、鳖、淡水鳗、鲫鱼、牡蛎等，这是他们老幼男女都能担任的，其所用之工具有钩、绳、长罾等；所谓‘讨海’者，这一定要年壮力强的始能胜任。因为在大海狂涛中讨生活，既没有新式的捕鱼轮船，又没有完备的捕鱼工具，仅仅依靠着木船和钩、网、围缣等粗陋的工具，当其发现大鱼时，先用很锐利的铁钩投钉在鱼的脊背上，大鱼身痛狂奔，他们就把系在铁钩上的绳子尽量放出，等到大鱼疲倦了，

① 廖润雪：《福建省“连家船”渔民调查分析与政策建议》，《渔业信息与战略》2012 年第 4 期。

始行收绳，把大鱼拉到船旁，才把它捆上船来。”①

在捕鱼过程中，一切行动听船老大的指挥。一般连家船民是以船（家）为单位进行渔业生产的，父亲多为船老大，因此父亲是全家（船）的总指挥，平时也是说一不二。连家船民在捕鱼过程中还产生了“打号子”的习俗。在捕鱼过程中，扯篷、提锚、航行、撒网、起网、出货都要精神集中、动作协调，于是逐渐发展出与捕鱼相呼应的号子，节奏明快、高亢有力，既能提神鼓劲，又能宣泄情感、增进团结。特别是遇到狂风恶浪，船有颠覆危险时，全船人都要站到甲板上齐声大喊。据说，这样能让妈祖听见，还能镇住水鬼。②

清代，福州的商业贸易十分繁荣，这吸引了众多的连家船民聚集在南台地区，“南台为福之贾区，鱼盐百货之凑，万室若栉，人烟浩穰，赤马余皇，估艑商舶，鱼疍之艇，交维于其下”③。商贸的发展为连家船民提供了更多的谋生手段。晚清时来榕的传教士麦利和曾写道：“较大的船用于运输商品，往返于城内外，或是用于装载从驶入福州港的盐船和米船上卸下来的货物，而较小的船只被用作渡船或渔船。出海的舢板船停泊在桥下，常常挤满了江面。”④

民国时期，福州南台地区连家船民的聚居生态没有太大变化。有外国旅行者记下了这样的观察：“盖着苇席的船多不胜数，里面

① 黄向春：《清代福建的蜑民》，载《第二届疍民文化学术研讨会论文集》，2013，第123—124页。

② 刘芝凤等：《闽台农林渔业传统生产习俗文化遗产资源调查》，厦门大学出版社，2014，第213页。

③ 福州市仓山区建设志编纂委员会编《福州市仓山区建设志》，中国建筑工业出版社，1993，第82页。

④ ［美］R. S. Maclay：《生活在中国人中间》，广西师范大学出版社，2013年，第149页。

生活着无数家庭。这些人在船上出生，在船上结婚，在船上终老。船只沿着河岸紧密排列，像没有街道隔开的房子。各式各样的船一排连着一排，有的是帆船，虽然体形笨重，不过船身的彩绘图案却颇好看，有的好像小木筏，船头两边各画着一只眼睛，渔人带着鸬鹚坐在船上，用桨划着船。从来没有人准确计算过究竟有多少福州人以船为家。有的船实在太挤了，不少人只能从百来家邻居的船前走过，才能到达自己的水上居所。这些人到底依靠什么谋生，我不得而知，因为人数如此之多，让他们实在难以找到一份划船的活儿。不少男人在岸上干活，女人和孩子们为了有可能得到一份划船的活儿争执不休；不过这里的船实在停得太密，就算好不容易找到一份划船的活儿，恐怕也很难脱身，把船划出去。”①

（四）其他谋生方式

连家船民以船为家，能做的营生有限，处境十分艰难。为了补贴家用，他们会充分利用船上的空间养殖家禽家畜。有的连家船民还养猪养狗。猪耳朵上钉着“耳孔”，拴上绳子绑在船帮上；狗的脖子上套着狗链，拴在桅杆上；鸡鸭则装在竹篾编成的竹笼内，挂在船的两边。他们喂养鸡鸭，主要是将它们生下的蛋拿到街上去卖，换些油盐回来；等鸡鸭养大养肥，也可以宰杀了作为补品。船尾两侧吃水线下，常常会看见用竹篾编成的长方形笼子挂在船舷上，随着船漂流。这不是什么装饰物，而是养鱼的地方：将捉到的活鱼养在竹笼子里，等上岸时抓出来能卖个好价钱。

连家船民还有一些其他的养家糊口途径。一是打短工。由于连家船民普遍缺地、少地，他们当中的青壮年劳力在农忙时节多

---

① ［美］哈利·弗兰克：《百年前的中国——美国作家笔下的南国纪行》，符金宇译，四川人民出版社，2018，第 190 页。

受雇代当地农民割稻、插秧、打谷等。二是“扫楻场”（打扫田间、谷场以获取遗谷）。每到农民收获季节，老弱妇孺就到田间拾遗穗、“扫楻场”、掘遗薯等，以补口粮之不足。三是替人洗刷房子。每年春节前夕，许多连家船民就到市镇上替岸上居民洗刷房子，挣些钱补贴家用。

由于生活环境不同，不同地方的连家船民谋生方式各不一样。民国时期福州台江小船户的谋生方式以运输服务为主，如由道头（小码头）载客至各汽船，由各汽船载客至道头（须纳该道头之捐），由此道头载客至其他道头（须纳双方的捐），受雇为客人载某种货物，载客走长距离的水程，帮驳船盘货，在水上做小买卖。他们的工作时间没有限制，遇客即载，遇货即盘，以潮水之涨落定工作之多少。凡属于一道头之船，载客时必须轮流运载，且每次只限6人或8人（以船之大小定之），借以平均收入，以免强凌弱、众欺寡。每位客人的船费为8枚铜圆，专雇则例外。由于男人在岸上操别业，故船上多以妇人女子任之。童工自10岁以上，均能工作与成人相似。①

福州的连家船民还佃耕洲田。比如江边村连家船民的田地多在魁岐附近，要划船从泛船浦过闽江到魁岐种地。他们带饭出门，天黑了再划船回来。有的连家船民则佃耕闽侯、台江等处地主、富农、二地主的土地。地租有的对半分，有的四六分（即地主分60%，农民分40%），有的“煞租”，即固定地租，不论受灾歉收或绝收，一律交足，颗粒不少。②

现今南平市延平区的水东街、水南街横排头、新建村等处，

① 邹德珂、项孝挺：《福州市台江区小船户各种统计及其生活状况的调查》，《社会研究》1935年第1期。

② 林增城：《台江疍民生活的苦难史》，载中国人民政治协商会议福州市台江区委员会编《台江文史资料》第五辑，1989，第45页。

几乎都是连家船民上岸定居而形成的。南平的连家船民主要从事水上运输，如运盐和放艄排等。比如樟湖坂直至20世纪50年代，还有一半以上的人靠放艄排等为生。

三、福建连家船民的社会生活

长期以来，连家船民处于社会的底层，备受压迫和歧视。但连家船民逐水而居，通过各水系在各地流动，他们丰富的航行经验和水上生活经验构成了独特的文化优势。在历史上，连家船民曾被官府吸纳加入水师，也曾在海上丝绸之路的贸易中发挥作用，还有些在洋行打工。这些也促成了连家船民的分化，提升了一小部分连家船民的社会地位。

（一）连家船民的社会地位

连家船民的社会地位十分低下，承担官府沉重的船税，经常受到海寇的劫掠，还遭受多数岸上居民的歧视。

从“人必与土地相附”的传统观念来看，水居生活不是正常的生活方式，相当于被主流社会惩罚、流放。因而连家船民一直被岸上居民视为“异类”、贱民，深受歧视。

首先，连家船民不被允许上岸。旧时福州俗谚有“曲蹄仔九十七卖上山”。“九十七”是指郭、倪二姓的后裔，“卖”是不准、不得的意思，“上山”即上岸。又说“水鬼爬上岸，怕死毛偿命”，意思是说，连家船民不准陆居，违者即使被打死，告到官府亦无须偿命。在服饰上，连家船民不许穿戴士大夫阶级的衣冠，不准穿长衫、穿鞋袜、戴小帽及高帽，个别地方甚至发展为不许穿绸。男女老少在岸上时裤管必须卷得一边高一边低，以区别于其他岸上渔民。连家船民妇女结婚不准坐轿、戴凤冠、穿蟒袍等，男子不准戴“水晶顶”（汉人结婚时礼帽上面的顶子，用水晶制成）等。

在居所方面，不许上岸居住，即使辛亥革命后此禁稍弛，但岸上居民对连家船民上岸与自己争夺生活空间仍充满警惕，往往要求“曲蹄厝”不准上栋梁、安础石、盖瓦顶等。在称呼上，连家船民要尊称岸上居民为“一官”（对男的）“一官娘”（对女的），或“相公”“相公娘”等。在文化上，连家船民不被允许接受教育，不能参加科举考试，也不得报捐应试，偶有冒籍应试者，官府还没有干涉，其他童生秀才们也会鸣鼓而攻，群加驱逐。

歧视连家船民成为岸上居民的“社会的共识”，他们中流传着一些讽刺连家船民的歌谣，连小孩都会唱。如“曲蹄曲蹄，头无帽，脚无鞋，船作厝住，风吹簪齐（方言，意思是站立不稳）”，“穿长衫，戴眼镜，站着睡，坐着瞌”，“科题仔，丁单单，共鱼虾，做对山”，“科题仔，长长阵，拾田螺，成一阵”，是讥笑连家船民的衣着习惯和日常穷困的讨海生活；“一粒橄榄丢过坑，曲蹄也想做先生。手拈笔仔抖抖战，难写三字‘窦燕山’”，“二字一划就是三，科题上岸做先生。手提笔杆抖抖战，连写三字一二三”，是讽刺连家船民没有文化。即使是获得一官半职的连家船民，仍会因其身份问题被冷嘲热讽：

> 摇船摇船啦，曲蹄做老爹（老爷）。
> 少爷担粪桶，小姐去踏车（水车）。
> 厅中伙客（客人）喊恭喜，
> 房中奶奶脱跣骹（光着脚）。

民国以后这些情况有了一些改变，据吴高梓《福州蜑民调查》记载：“福州近几年来才有少数的蜑民送他们的子弟到私塾读书，他们送子弟到私塾读书的目的，也不过是要他们认识一些粗浅文字而已。他们在私塾读了两三年之后，有的到岸上去当铺子里头的小伙计，或另寻别种类似的工作。在岸上寻不到工作的时候，才回到他们自己的船上去工作。”因为教会在福州办学校，连家船民的女子教育开始有所突破：“只有一个信天主教的蜑户中有一个女子受过中等学校的教育。这样的女子，在福州蜑民中，真算是凤毛麟角了。”

在政策上，封建时代官府曾对连家船民实施过优抚政策。《元史》载，元代“至治二年……免……福建蜑户差税一年”。明代还将连家船民纳入河泊所管理。《天下郡国利病书》记载：连家船民于“洪武初编户立里长，属（河）泊所”。清代的法典中界定：民、军、商、灶四民为“良”，官私奴婢、倡优皂隶及山陕乐户、江南丐户、浙江堕民等则为“贱”，连家船民依律并不在“贱民”之列，但在地方社会中却是事实上的“贱民”。雍正七年（1729 年），雍正帝颁布了一条豁贱为良的诏谕，明确指出“蜑户本属良民，无可轻贱摒弃之处”，并责令地方“准其在于近水村庄居住，与齐民一同编列甲户，以便稽查。势豪土棍不得借端欺凌驱逐，并令有司劝喻蜑户开垦荒地，播种力田，共为务本之人，以副朕一视同仁之意”①。但社会上对连家船民的歧视并没有改观，据《清稗类钞·蜒人》记载：“光（绪）宣（统）间，闽人呈递说帖于福建谘议局，请准（蜒人）与平民平等，谘议局以不平等乃习惯之相沿，非法律所规定，置否决。”由此可见，旧社会连家船民长期受到歧视与压迫，要争得与岸上居民平等的地位并不容易。

（二）连家船民的分布与独特文化

1. 族群分布广泛

福建地处中国东南一隅，拥有丰富的水系资源，这为连家船民的生产聚居提供了天然良好的条件。

---

① 练铭志、张菽晖主编《〈清实录〉与清档案中的广东少数民族史料汇编》，广东人民出版社，2011，第 28 页。

福州是福建连家船民的大本营①。据20世纪40年代末的统计，分布于闽江下游长约20里的两岸，相对固定的连家船民计有3731户17235人（男8760人，女8475人），流动于长乐、永泰、南平等地7县的有4219户10369人。② 俗语说“山东响马，福州船户”，数量众多的“福州船户”，也成为昔日福州的一个标签。来华的外国人被众多的连家船民吸引而录之笔下。怀礼在《福州的教会公墓》一文中写道：“在接近福州的航途中，江的两岸都排满了船——数以百计的小舢板船，还有些大只的船则更永久地停泊着，它们是船只主人的住所。水上住所是中国人生活中最显著的特色之一，在这个帝国各地皆可见此习俗。福州水上居民的人口必逾数千，他们生于斯，长于斯，终其一生都在这些小船上度过。”

英国传教士四美（又称施美夫）在福州逗留期间，对闽江两岸尤其是船上居民做了细致的观察：“……天不亮就被吵醒。新邻居都是船民，喧喧嚷嚷地在水上忙碌着。我走到阳台上，静静地观看下面混杂的人群。许许多多的船被贫穷的船主当作居家，一条一条沿着江岸两边排列了三里路长，最主要的聚集点就是小岛（中洲岛）四周。”③

万寿桥附近是连家船民的重要聚集地，除此之外，福州其他的港湾也多有连家船民分布。据《侯官乡土志》记载，清末侯官县的连家船民多居住在尾垱、沙墩、小桥、白石头、港边、横岐、檀山、溪头港等处，比较集中的是琅岐岛的南屿、世沙、西禄村等地。《闽县乡土志》记载：“蛋户，姓多翁、欧、池、浦、江、海诸

---

① 郭志超：《闽台民族史辨》，黄山书社，2006，第364页。

② 福建省档案馆编著《近代福建社会掠影》，中国档案出版社，2008，第302页。

③ [英] 施美夫：《五口通商城市游记》，温时幸译，北京图书馆出版社，2007，第262页。

氏”。福州洪山桥一带多为欧、卞、池诸姓，三保、帮洲一带则为唐、赖、詹诸姓。[①]

2. 熟悉水域航行路线

为了生存，连家船民逐水而居，向不同地方流动。例如福州阳岐的一些连家船民就来自台江万寿桥边的潭尾。“据渔户林寿、陈位、刘宝、江兴、连林安、连发、翁成、欧八、郑德桂、林长、杨五、林兴受等呈称：切寿等上祖系辖下潭尾等港渔户，摆渡采捕为生，递年应输台辖林大兴等户渔课。迨至地窄人多，□食维艰，或觅洲地，年供洲主完赋，兹批□鱼埕，年贴埕主输课。接踵移□，寄栖侯邑新岐、阳岐、苏岐、高岐、土牛、南屿等港。”[②]连江黄岐的连家船民也来自福州。南宋末年，元军攻陷临安（今杭州），宋端宗逃难到福州，驻跸仓山林浦村，邻村的连浦、连坂等连氏先辈随扈勤王，抵抗元军，遭到元军的围剿屠杀，部分连姓族人为避难在闽江流域和闽东沿海浮舟泛海，不愿踏足“元土”而失去故地，只好以船为家，以水上捕鱼和运输为生，从此成为连家船民。[③]

福州连家船民还流动到周边地区。例如清代陈盛韶在《问俗录》卷二中写道：“古田男女有别，街衢庙院绝少游女。惟水口荡船，来自南台洪山桥一带，名曲蹄婆。”[④] 可见福州的连家船民有迁至古田等地。

通过梳理族谱可以发现，福州的连家船民也曾陆续从闽江口北上迁入福鼎沙埕港。这些连家船民以欧氏、江氏、连氏和刘氏为主。在生齿日繁之后，他们重修、编纂了各自的族谱，并在谱中

① 孙星群：《福建音乐史》，中国戏剧出版社，2008，第73页。

② 引自福州市仓山区盖山镇阳岐村尚书祖庙前的碑文。

③ 林广、林庚编著《黄岐史略》，福建美术出版社，2019，第13页。

④ ［清］邓传安、陈盛韶：《蠡测汇钞　问俗录》，书目文献出版社，1983，第72页。

记下家族迁移的历史。例如，欧氏族谱这样记载："我欧姓相传以来，始祖由闽迁泰邑，由泰邑迁至福鼎沙埕住居。历来均以捕鱼为生。"江氏族谱记载："稽沙埕吾宗者，其先世籍贯连江，溯其本源均系伯益之后，济阳之裔也。固居临海滨，依鱼为业，以海为田。继以就业，携眷舟居，延海停泊，与渔民为伍，与欧、连通婚，渐沦化于渔民之习俗。清道咸间到沙埕，即为常泊之处。"《上当郡连氏宗谱》则记载："我连姓相传祖贯（籍）福州，后迁连江，地处海滨，因地就业，竟以海为田，赖渔营生。于清道光年间启治公携眷沿海而来沙埕。"①

通过水路，连家船民还迁移到省外。清郭钟岳在《瓯江小记》中记载："公婆船，闽人渔于瓯者，无籍，以船为家。近亦有于双门外落籍，开设店铺者。"② 现今浙江省乐清市百岱村系福建莆田连家船民于清嘉庆年间迁移陆居而来，迄今已有十一代人。③

不仅在清代，即使到了民国，福建连家船民的迁移仍在持续。受抗战的影响，闽江下游的连家船民也迁至上游的富屯溪流域，并带去了生产工具。"由于邵邑所见渔具、渔船，战前（指抗日战争前）多散布于福州南屿至水口一带，后因战事和闽江下游物价飞腾，渔民谋生不易，才相继移到上游来的。"④

连家船民在各水域迁移，对水上路线比较熟悉。福建流传的《柴贩歌》按贩运路程，南唱至福州，北唱至浙江、天津，完整的

---

① 刘长仪：《从"白水郎"到"水生人"：疍民的生计变迁与认同建构》，载张先清主编《山海文明：跨学科的视角——第一届山海文明高峰论坛论文集》，复旦大学出版社，2019，第 53 页。

② 林亦修：《温州族群与区域文化研究》，上海三联书店，2014，第 109 页。

③ 林亦修：《温州族群与区域文化研究》，上海三联书店，2014，第 113 页。

④ 福建省地方志编纂委员会编《福建省志·水产志》，方志出版社，1995，第 123 页。

歌词达万余字，内容相对确定，在族群内口耳相传。[①]

3. **独特的族群文化**

历史上连家船民有自己的语言，“与华语不通”。明清以后，伴随着连家船民的汉化，疍语向当地方言演变，仅保留一些特有的语汇。这些特有的语汇一部分是水上生活禁忌语的代语，如“筷子”，方言叫作“箸”，与“坠”谐音，于是说成“筹”；“蛋”，在方言中与“浪”“乱”谐音，于是说成“太平”；“板”在方言中与有“翻”义的“扳”同音，所以“船板”要说成“楮片”（“楮”在方言中的意思是船舱），同理，“木板”要说成“家片”，“跳板”要说成“透梯”；等等。另一部分是连家船民特有的语汇，如称“碗”为“钵斗”，称“饭桶”为“宝卢”，称“理发”为“泼缆”，称“出航”为“开头”，称“归航”为“解艨”，称“渔网破裂返航修理”为“做皇帝”，等等。[②] 这些语汇，对我们理解连家船民的独特文化具有重要作用。

（三）连家船民的角色变迁

由于拥有丰富的水上生活经验，连家船民也曾被官府重用，这为他们生活及身份的改变提供了机会。

明朝政府曾征募连家船民进入水师。如“洪武初，倭奴数掠海上，寇山东、直隶、浙东、福建沿海郡邑，……（高皇）命南雄侯赵庸招疍户、岛人、渔丁、贾竖，盖自淮、浙至闽、广，几万人尽籍为兵，分十千户所，于是海上恶少皆得衣食于县官”[③]；又如《重纂福建通志》所记，“永乐四年（1046 年），命丰城侯李彬等沿

---

① 李健民：《闽东疍民研究三题》，载《第二届疍民文化学术研讨会论文集》，2013，第 153 页。

② 李健民：《品读福安》，云南大学出版社，2011，第 30 页。

③ ［明］郑晓：《皇明四夷考》，文殿阁书庄，1937，第 60—61 页。

海捕倭，招岛人、蜑户、贾竖、渔丁为兵”；等等。清朝沿袭明朝政策，而制度更为严密。清代《广东新语》云：“疍人则编以甲册，假以水利，每十艇为一队，队为一长，画川使守，略仿洪武初以疍人为水军之制，择其二三智勇者为之大长，授以一官，俾得以军律治其族，与哨船诸总相为羽翼。”可以说，在明清时期加入或辅助水师是连家船民社会分化的一个重要方向。比如嘉庆《澄海县志》卷之十八《武功》中记述了康熙年间渔人陈勇成长为海坛镇总兵的传记。

连家船民在海上丝绸之路中也曾发挥过重要作用。明初朱元璋为发展中琉关系，曾派福州河口“闽人三十六姓”赴琉球，其中造船、航海者多从连家船民中挑选。明代福州长乐太平港是郑和下西洋的中转站。郑和每次下西洋都要派人到福建，“选取驾船民梢中有习惯下海者称为火长，用作船师，乃以针经图式付与领执，专一料理，事大责重”，其中必然有崇奉天妃的连家船民。①

在中琉往来中，连家船民的信俗也得到传播。陈文龙是水上航行安全的庇护神，受到闽江下游连家船民和莆田地区从事商贸活动的商贾的崇拜，位于仓山阳岐的尚书祖庙即为连家船民所建。而水部尚书陈文龙也成为中琉往来中重要的信仰对象。顺治十三年（1656 年）起，奉旨前往琉球的册封使，照例必至台江万寿尚书庙进香，祈求往返平安后方才启航。嘉庆十三年（1808 年），侯官人齐鲲奉命出使琉球，与其同行的使团、航海人员主要是闽人。齐鲲回国后，撰写《续琉球国志略》一书，其中就记载了陈文龙的神迹：“同日，二号船遇暴亦然，文武官弁虔叩尚书神像前，乃免于厄。”

---

① 福州市政协文史资料和学习宣传委员会编《福州内河史话》，福建人民出版社，2018，第 329 页。

到了近代，由于他们在水上航行方面具有独特的优势，因此部分连家船民被招入福建船政局学习。同治五年（1866 年），担任闽浙总督的左宗棠向朝廷呈折，请求办厂造船，主张选调闽粤江浙渔家子弟入局培训，破除门阀、资历的限制。“无论兵弁各色人等，有讲述精通能为船主者，即给武职，俾领水师。”奏折上呈后获同治帝上谕：“所述各条均着照议办理”。当时不少福州连家船民得以进入福建船政局学习①。清末的海军中也有连家船民的身影，冰心在《记萨镇冰先生》《还乡杂记》等文章中，就关注到连家船民在闽江口的“领港”作用。“那时别的船上，都有船户领港，闽语所谓之‘曲蹄’，即以舟为家的疍民。”

另外，五口通商之后，有些连家船民在外国人的帮助下改变了自己的身份。顺治十八年（1661 年），一支源自尧沙的唐氏落难，遁入水上，泊船闽江下游“远洋鼓山边”，开创了福建水上人家中的唐氏家族。五口通商后福州茶叶贸易兴盛，唐家人不甘于困苦的水上生活，为了改变命运，已成为天主教徒的唐春莲带着唯一的儿子唐天德来到南岸的泛船浦，进入了义和洋行。经过家族的努力，唐家人建成“大厝”，长超 16 米，宽约 14 米，楼高 8 米，成为显赫的人家。②

当然，连家船民中也有一部分拥有较多生产资料（大船）的船民，在民国时期已与岸上居民通婚，并被视为“渔民”。如由长乐到霞浦北岐的欧姓船主与岸上居民、杨梅岭山民结亲，又为其子抱养了小沙村女子为童养媳。有些收入不错的连家船民也在滩涂搭盖船厝定居。连家船民婚姻圈的扩大加快了他们与岸上居民

① 杨济亮：《福州地区水上居民的精神文化生活及其时代变迁》，载赵麟斌主编《闽台民俗散论》，海洋出版社，2006，第 271 页。

② 蔡林：《泛船浦“课黎”大屋》，《闽都文化》2021 年第 3 期。

的融合。①但是在旧社会能够改变自身社会地位的连家船民毕竟是少数，大多数的连家船民仍然处于社会底层，过着“漂泊江海、居无定所”的生活。直到新中国成立，连家船民才真正迎来上岸的希望，逐步告别“怒海求生”，到岸上安居乐业。

① 刘季鸣：《霞浦船民族群身份的演变历程》，《福建史志》2018 年第 5 期。

第二章
推动福建连家船民上岸定居

“没有连家船民的小康，就没有全省的小康。”习近平同志在福建工作期间，牢记初心使命，始终把人民记在心上，关心基层群众疾苦，大力推动连家船民上岸定居工作，让数万连家船民告别世世代代在水上漂泊的生活，过上了在岸上居住的安稳日子。“搬上来、住下来”是连家船民获得新生的关键。新中国成立以来，闽东各地政府努力践行为人民服务的宗旨，努力谋求连家船民上岸定居与安居乐业，尤其是把“连家船民上岸定居”列入“造福工程”后，这一进程明显加快。闽东地区连家船民上岸定居的过程基本可以分为三个阶段：第一阶段是新中国成立初期至20世纪90年代初的连家船民零星上岸的实践探索，第二阶段是20世纪90年代末连家船民建新居工程与安居工程的全面实施，第三阶段是2012年前后实施的连家船民“造福工程”升级。

一、福建省出台连家船民上岸工作政策

习近平同志在宁德担任地委书记时，多次到贫困群众的家中走访，关心贫困群众和弱势群体的生产生活。1988年7月，他先后到福安县甘棠镇观里基点村、畲族人口占60%的洋畲村、连家船民集中的甘坪村，还有溪柄镇柏柱洋斗面村调研。调研工作涉

及革命老区基点村、少数民族村和连家船民集中村。1997 年 5 月，时任福建省委副书记习近平同志收到省政协民族宗教委员会报上来的一份调研报告，反映闽东畲乡仍有一部分群众住在以茅草为顶、泥土为地的茅草房里，生活十分困难。6 月 4 日，他带队到霞浦、福安、宁德三县（市）调研，着重了解闽东农村扶贫开发与小康建设的新情况、新问题，特别是部分少数民族群众住茅草房问题。① 回来后，习近平同志向省委、省政府提交了《关于闽东农村扶贫开发与小康建设情况的报告》，建议分轻重缓急解决“茅草房改造”和“连家船”问题。当时的省委书记以及省委班子对此事都非常重视，经研究，福建省委、省政府把“茅草房改造”和“连家船民上岸定居”纳入为民办实事项目，并列入“造福工程”。从 1998 年开始，福建省花三年时间解决连家船民上岸定居问题，出台了一系列政策，帮助他们解决搬迁、就业等问题。习近平同志深入群众、深入基层，对连家船民的深切关怀，改变了无数连家船民家庭的命运。

（一）福建省政府召开连家船民上岸定居问题专题会议

1998 年 7 月 21 日下午，福建省政府召开研究连家船民上岸定居问题的专题会议，提出各级有关部门要统一认识，高度重视，集中力量解决好连家船民上岸定居问题。各级政府要加强领导，摸清底数、制订规划、分期实施，确保在三年内完成连家船民上岸定居工作。要加强连家船民上岸定居工作的规划指导，落实责任，把好事办好。各有关地市县、有关部门要齐心协力，确保三年完成连家船民上岸定居任务。有关县（市）、乡（镇）要负责解决好上岸定居的连家船民的生产出路问题。连家船民上岸定居具体

---

① 本书编写组编著《闽山闽水物华新——习近平福建足迹（上、下册）》，福建人民出版社、人民出版社，2022，第 44 页。

工作由省脱贫办负责督查。省委、省政府十分重视连家船民上岸定居问题，要求将此项工作作为扶贫攻坚的一项重要任务来抓。

（二）福建省发布做好连家船民上岸定居工作的通知

1. 通知发布的背景及要求

1998年7月31日，福建省政府发布《关于做好连家船民上岸定居工作的通知》（以下简称《通知》），提出连家船民是历史遗留问题，他们以小木船为家，以讨小海为生，是一个特殊的贫困群体。至1997年底，全省还有连家船民4125户18466人，主要分布在宁德、福州、漳州等10个县（市）的35个乡（镇）、78个行政村。其中，宁德地区3676户16706人，福州市195户741人，漳州市254户1019人。连家船民的贫困生活，与全省基本实现小康的省情形成强烈反差，帮助他们上岸定居，跟上全省脱贫致富奔小康步伐已经到了刻不容缓的时候。为此，各有关地市县和省直有关部门要统一认识，高度重视，集中力量，分期分批解决连家船民上岸定居问题。《通知》提出，要在帮助连家船民搬迁上岸定居，改善生活条件的同时，坚持扶贫开发，帮助上岸定居的船民安排好生产，稳步解决温饱问题；连家船民上岸定居所需经费，必须立足于自力更生，以群众自筹为主，省、地（市）、县（市）财政补助和有关部门支持为辅；必须做好连家船民的思想工作，尊重他们的意愿，在自愿的基础上有计划地组织实施，切不可一哄而上，强制搬迁上岸；连家船民上岸定居必须自己提出申请，经所在行政村和乡镇确认后，方可列为上岸定居对象；连家船民的定居工作要与土地利用总体规划和村镇建设规划相衔接，根据条件，可采取多种方式，可以挂靠在现有的自然村，有条件的地方也可以相对集中定居，确保上岸定居的连家船民有一个良好的生活环境。《通知》提出，全省连家船民4125户18466人，计划分三年实施上岸定居，其中1998年5000人，1999年8000人，2000

年 5466 人。1998 年当年的 5000 人连家船民上岸定居任务已经随同“造福工程”任务下达，其中，宁德地区 4000 人，福州市 500 人，漳州市 500 人。

2. 补助资金及来源

《通知》要求有关地（市）、县（市）要设立连家船民上岸定居资金专户，各级财政人头补助资金要集中到专户管理，按人头下达；其他部门的配套资金按项目下达。各项资金要统筹安排，合理使用，提高效益。省级各项补助资金都是扶贫专项资金，专款专用，省直部门的各项补助资金必须及时足额到位。各级脱贫办要做好督促检查工作，发现问题及时汇报，确保各项资金和年度计划的落实。建房资金以群众自筹为主，省、地（市）、县（市）补助为辅。省财政按人均 800 元的标准从扶贫开发基金中安排补助，有关地（市）按人均 400 元标准配套补助；有关县（市）也按人均 400 元标准配套补助。省级 1998 年的补助资金已按人均 500 元的标准随同“造福工程”补助资金下达，后面紧接着再追加补助每人 300 元。凡地（市）、县（市）配套资金不落实的，省里不予安排补助资金。配套的基础设施建设资金主要依靠当地政府和群众投工投劳为主，省直有关部门适当补助为辅。从 1998 年开始，省计委分三年从以工代赈省财政配套资金中安排 150 万元，用于解决新村配套基础设施建设；省教委分三年从省财政教育扶贫基金中安排 200 万元，专项用于解决连家船民子女上学困难问题；省民政厅分三年安排专项资金 300 万元，每年 100 万元，专项用于连家船民困难补助；省水电厅三年安排 100 万元，用于解决集中上岸定居点饮水问题；省水产厅分三年安排 200 万元，其中，1998 年安排 60 万元，1999 年安排 80 万元，2000 年安排 60 万元，用于帮助连家船民发展开发性生产。

3. 优惠政策和实施措施

《通知》提出连家船民上岸定居属于“造福工程”之一。各级有关部门必须优先予以办理有关连家船民上岸定居的各项手续。凡列为上岸定居的搬迁户，其建房用地的耕地占用税、农业税、新菜地开发基金、公路开发建设资金、教育费附加以及自来水增容费等税费，由各地比照救灾安置的做法，提供优惠政策。共青团、妇联要联合有关部门举办实用技术培训，提高上岸定居连家船民的谋生技能。建设行政主管部门要帮助搞好新村的建设规划，负责提供不同类型的民房设计图，供上岸定居的连家船民选用。《通知》强调做好连家船民上岸定居工作是一项重要而又复杂的任务，涉及土地、建设、水、电、路、学校、计划生育、户籍管理等生产生活的方方面面问题，各级政府务必要加强领导，精心组织，落实责任，确保工作到位，做到当年任务当年完成。

在习近平同志的推动下，福建省出台了政策，落实了资金。习近平同志还从长远角度统筹考虑，推动出台了很多保障措施。比如，明确政府拿出土地用作连家船民上岸定居的住房用地，不能拿来买卖；茅草房住户和连家船民搬迁之后，不仅要解决他们的生活问题，还要考虑他们的长远生产问题、子女读书和就业问题，配套制订具体措施。习近平同志说："这样才能让他们搬进来，安心地住下去。"①

（三）召开连家船民上岸工作现场会

1998 年 12 月 1 日，习近平同志在福安主持召开全省"造福工程"暨连家船民上岸定居现场会。在现场会上，习近平同志主要强调了以下几个方面。

1. 强调会议的重要性

习近平同志在现场会上说："今天在福安召开的全省'造福工

① 中央党校采访实录编辑室：《习近平在宁德》，中共中央党校出版社，2020，第 188 页。

程’暨连家船民上岸定居现场会，会议规模不大，但很重要。我来参加这次会议主要考虑到这项工作是农村扶贫和小康建设的重点，是省委关注的一件事情。”这次会议的主要任务是：“总结推广‘造福工程’经验，检查督促连家船民上岸定居工作，促进全省扶贫攻坚深入发展。”

习近平同志说：“这些连家船民绝大多数生活十分贫困，与基本实现小康的省情形成强烈反差。帮助他们上岸定居，跟上全省脱贫致富奔小康步伐，已经刻不容缓。”

习近平同志强调，要彻底解决连家船民的上岸定居问题，并把它列为全省“造福工程”的重中之重。① 他要求各级领导把群众冷暖挂在心上，以高度责任感和紧迫感认真做好“造福工程”和连家船民上岸定居工作。② “没有连家船民的小康，就没有全省的小康。这件事非做好不可，要让所有的连家船民都能跟上全省脱贫致富奔小康的步伐，实实在在地过上幸福生活。”③

2. 对搬迁上岸工作的部署

习近平同志指出：“我们不要把连家船渔民上岸作为一般的事情来做，人上岸容易，政府可以花钱帮助盖房子，把人拉上来。最关键的是要解决他们上岸后的生计问题，从前他们在船上靠运输、捕鱼为生，上岸以后要给他们安排好维持生计的工作，让他们能够‘住下来、稳下来、富起来’才行。”④ 习近平同志强调，连家

---

① 中央党校采访实录编辑室：《习近平在福建（下册）》，中共中央党校出版社，2021，第 57 页。

② 中央党校采访实录编辑室：《习近平在福建（上册）》，中共中央党校出版社，2021，第 76 页。

③ 本书编写组编著《闽山闽水物华新——习近平福建足迹（上、下册）》，福建人民出版社、人民出版社，2022，第 48 页。

④ 中央党校采访实录编辑室：《习近平在福建（下册）》，中共中央党校出版社，2021，第 57—58 页。

船民上岸搬迁到新居以后，要继续做好安置和生产，同步进行。

习近平同志还提出要因地制宜、区别对待连家船民上岸工作："由于连家船民居住分散，而且家庭经济状况差异很大，只能实事求是、因地制宜采取不同方式给予安置。这也是我们实施'造福工程'包括新村建设的一条经验。不搞一个标准、一个模式。奔小康建新村学马塘，主要是学它的精神，真正房子盖得都像马塘村那样是做不到的，它的房子比一些城市的别墅还好。有条件的可以集中建新村，人数较少的可以零星插花安置，还有的只买旧房解决；经济条件好些的房子可以建大一点，困难的群众建小一点，还可以分几次完成，建一层住房的条件也比住在船上优越好几倍。各地有各地的做法，虽然不尽相同，但都能结合当地连家船民的实际情况，尽可能地把问题解决好。集中建新村的地方，都能把集中安置和奔小康建新村结合起来，实行统一选点、统一征地、统一规划、统一设计、统一备料、统一施工，既做到省土地、省材料、省时间、省费用，又保证水、电、路、校、厕等基础设施配套完善。除了帮助解决个体房设计，还帮助搞好整体规划布局和公共设施。这样的新村建起来，就是小康新村的模式。在规划设计时，充分考虑到连家船民经济条件的不同，分'安居房''解困房''特困房'等几种类型建设，确保再困难的船民群众也能够上岸安家。"

习近平同志指出："连家船和'造福工程'相比，数量虽少但难度很大，难就难在贫困面更大，贫困程度更深，而且这些船民上无片瓦、下无寸土，土地的调整使用更难，还有，要帮助他们解决生活、生产出路问题。生产出路不解决，搞不好今后他们还会把房子空着，重新搬回船上去住。所以，他们的生活、生产问题必须同步解决。"

3. 关于连家船民上岸资金情况

1998 年 8 月初，福建省政府召开专题会议，研究解决连家船民上岸定居工作，把它纳入全省“造福工程”之中，计划用三年时间，彻底解决连家船民上岸定居问题，其中1998年5000人，第二年8000人，剩下的第三年全部解决。而且出台了比“造福工程”更加优惠的政策和措施，省财政按人均800元的标准给予补助，比“造福工程”500元多出300元；按18466人计算，省财政仅这一项就要拿出1477.28万元，将近1500万元。另外，对基础设施建设和发展生产等配套资金来源也都做了安排，其中省民政厅300万元、教委200万元、水产厅200万元、计委150万元、水电厅100万元，合计是950万元，分三年安排。同时，省里还要求地（市）、县（市）两级财政分别按400元标准配套补助，也是1477.28万元。这样，省地县三级财政和部门加起来，可以达到3904.56万元，平均每个连家船民受益将近2115元，五口之家享受的资金补助就超过1万元。这还只是资金上的扶持，土地和其他税费的减免优惠政策，可能使他们受益更多。省委、省政府之所以要拿出这么多的钱，下这么大的决心来解决连家船民上岸定居问题，不是仅仅帮助他们上岸住下来就完了，而是要彻底把连家船民问题解决好，不留后遗症，让所有的连家船民都能跟上全省脱贫致富奔小康的步伐，实实在在地过上安居乐业的幸福生活。

为了有足够的资金来保证这一任务能够顺利完成，习近平同志提出，各地在坚持自筹为主、补助为辅的前提下，努力做到各级补助一点、挂钩单位出一点、社会和个人捐一点、连家船民自筹一点的办法，广泛筹集资金。在总结一些地区的好经验时，习近平同志说：“霞浦县动员21个经济条件较好的县直单位，挂钩包点帮助。县里给各单位下硬任务，春节前完不成的，要卖掉小汽车帮助连家船民建房。我觉得，这个决心下得好。任务给你了，完不成就卖车，看还有什么可以卖的，能卖就卖，这样做没有人说你是‘败家子’，反而说你有‘公仆心’。我的意思是要有决心，真正帮。福安市下白石镇党委政府向全镇干部职工发出‘帮助船民献爱心’倡议活动，镇党委书记、镇长带头捐款，同时还争取到下白石4807兵工厂的大力支持，在新村建设急需石头的时候，兵工厂为工地送来100车石头方料，解决了渔民搬迁的燃眉之急。华安县新圩镇为了解决连家船民建房资金不足问题，镇政府以经委名义向银行贷款39万元，还替连家船民支付3万元土地税和3万元拆迁补偿费。”习近平同志对做得好的地方进行了表扬：“福安市还把责任落实到人，全市有36个副科级以上干部、28名乡干部、48名村干部专管此事，负责到底。”“霞浦县溪南镇党委政府这方面工作抓得很扎实，为了做通群众的思想工作，他们多次出海上船，与船民促膝谈心，宣传政策，和群众一起摆问题，讲道理，说明上岸定居与子女教育、发展生产等关系，用真情感动群众，让群众真正认识到上岸定居才是彻底摆脱贫困、造福子孙的根本途径。”习近平同志通过旁征博引，调动各方面的积极性，号召广大群众为连家船民上岸贡献力量。

习近平同志还提出很多具体务实的意见，比如房子不能建高层，要照顾连家船民的居住习惯；要让他们能够养鸡养猪，能靠养殖业解决生计问题。① 会后，他深入移民定居点走家串户，嘘寒问暖，了解上岸后连家船民的生活状况。②

4. 现场会后连家船民上岸定居工作落实情况

1998年12月23日，中共福建省委农村脱贫致富奔小康工作领导小组印发习近平同志《在全省“造福工程”暨连家船民上岸定居现场会上的讲话》全文，指出各地组织实施“造福工程”和连家船民上岸定居，是党和政府为民办实事的具体表现，是加大扶

---

① 本书编写组编著《闽山闽水物华新——习近平福建足迹（上、下册）》，福建人民出版社、人民出版社，2022，第49页。

② 中央党校采访实录编辑室：《习近平在福建（上册）》，中共中央党校出版社，2021，第76页。

贫攻坚力度、推进农村小康建设的重要举措。各级各部门要充分认识这项工作的重要意义，认真学习领会习近平同志的讲话精神，扎实抓好“造福工程”和连家船民上岸定居工作，推动全省农村脱贫致富奔小康深入发展。

现场会后，连家船民上岸定居的进程加速。连家船民上岸定居工作被列入福建省当年为民办实事项目，并落实专项资金。政府通过填海造陆、向邻村征地等多种方式，向连家船民免费提供土地建造房屋，一举解决了他们上岸没有土地的后顾之忧，而且基础设施建设、土地证办理、水电接入等都免费实施。这从根本上改变了连家船民的命运。

二、福州连家船民上岸定居

新中国成立初期，福州连家船民有 3 万多人，主要分布在三县洲、帮洲、义洲、鸭姆洲、泛船浦、上渡、中洲、苍霞、水部、洪塘，闽侯南屿，马尾马江、亭江、琅岐，连江琯头等闽江沿江地区，以及长乐、罗源、连江等沿海地区。在历史上，福州连家船民有的溯闽江而上，扩散到永泰、闽清沿江地区，有的迁徙到闽北的南平、邵武、顺昌、建瓯、将乐等闽江上游地区，也有的沿海岸线北迁至宁德、霞浦等地。

20 世纪中叶以来，在党和政府的关怀下，福州连家船民陆续上岸定居，传统的生活方式逐渐转变。尤其是 20 世纪 90 年代末期以来，福州各级政府结合扶贫工程，推动连家船民上岸定居。在福州市域内，建成有台江区红星新村、苍霞新城，罗源县鉴江镇海上村，连江县东岱镇东水村，闽侯县上街镇青州劳光村等一批连家船民的典型上岸定居点。

（一）罗源县鉴江镇海上村

1. 海上村概况

海上村与鉴江村毗邻，合为鉴江集镇，是纯渔业村，位于罗源县北端，由鉴江镇管辖。海上村依山傍海的地理环境，孕育了优美的山海景观和深厚的人文底蕴。当前，海上村村民多为新中国成立后连家船渔民上岸安置人员及其后代，下辖4个村居小组，总人口166户624人。村民多从事远、近海捕捞，讨小海或外出务工从事捕捞业。纯天然无污染的海蛎是该村的特产，远近闻名。2024年1月，海上村被命名为福建省卫生村。

2. 上岸过程

新中国成立前，罗源湾的连家船民终年生活在渔船上，成年累月漂流在海面，居无定所；祖孙三代挤在狭小的船舱里是他们的生存常态。新中国成立后，党和政府实施连家船民上岸定居的政策。1958年，罗源县政府拨款4.73万元，购置木材505立方米，选定松山的迹头、碧里的下长基、鉴江的城外为连家船民建村地址，分别建房122间、22间和24间，总面积1804平方米，鉴江的定居点取名为“海上村”。

1960年，连家船民共60户84人在罗源县鉴江镇南门城外定居下来，罗源湾的连家船民上岸从此开始，罗源湾畔也有了一个新的村庄——海上村。此后县政府又陆续拨款加建连家船民住宅。1962年，村里盖起了第二座建设房，入住36户，每户面积约40平方米。1965年，第三座建设房也盖了起来，入住21户，每户面积50～60平方米。海上村的连家船民安置房多为联排长屋，由内墙分隔各户，墙体多为石砌，也有部分砖砌墙体，建筑高度较低，适合常年船居的连家船民生活。至此，除了部分村民因上门招亲未安排入住外，海上村的连家船民全部实现上岸生活，在海上村“落地”了。

年逾九旬的老太太尤双生是20世纪60年代上岸的连家船民之一。说起上岸定居的过程，她不胜感慨："我38岁那年，在政府的帮助下，上岸定居。"尤双生回忆，曾经一艘渔船就是连家船民的全部。它不仅是捕鱼谋生的工具，更是生活起居的场所，小到吃喝拉撒，大到结婚生子，都在渔船上进行。她的八个子女，都在渔船上出生。"一米来宽、六七米长的渔船，有时得挤下三代人。"尤双生说："渔船的空间狭窄，人的四肢长期无法充分伸展，身体也由此落下了一些病根。另外，渔民为了生计，还会在渔船上养猪。人多，空间不够用，有时睡觉也得在养猪的地方凑合。"连家船民还得应对大自然的挑战。每年的台风天，就是连家船民最紧张的时候，他们得驾船前往避风港，等台风过后，才敢重新出海。

"海上的日子是真苦，不能和岸上的日子比！"说到如今的生活，尤双生的脸上也多了笑容。20世纪60年代，她和家人一同搬进海上村的第一代建设房，一家人从此告别了海上漂泊的日子。

3. 不断升级的"安居梦"

海上村连家船民上岸特色可以归纳为不断升级的"安居梦"。

修建于1962年的第一代建设房，为砖木结构的联排安置住房，中间留有一条过道，酷似铁路隧洞，因此又被当地村民称为"火车洞"。1965年连家船民上岸时，政府为他们建设了砖木结构的平房。这是海上村村民实现"安居梦"的开始。

此后，随着生活水平的不断提高，部分村民陆续建起新房。这些新房空间更加宽敞。2003年，在福州市的大力支持下，海上村实施"造福工程"，建造了三栋商品房，入住60户，每户建筑面积约120平方米，同时上级补助村民每人3000元至5000元用于购买商品房。海上村的村部于2003年9月开始改建，2017年，幸福家园项目又建设了一栋商品房，每户面积约90平方米。2003年至今，在上级部门的支持下，海上村先后建设了4栋新式居民楼共82套商品房。

"一套三居室单元房，厨房、客厅、阳台、卫生间一应俱全，能住上这样的房子，放在以前真不敢想象。”作为新式居民楼的住户，海上村村主任江成芳感叹道。政府也没有忘记仍住在20世纪60年代的安置房内的村民。江成芳介绍，早年建设的“火车洞”和平房，经多年使用，如今内部光线昏暗，电线凌乱，木质结构也多有损坏。2021年，罗源县推进美丽乡村建设，通过规整电线、木墙上漆、安装路灯、修葺屋顶等措施，“火车洞”和平房的面貌焕然一新。

乘着美丽乡村建设的东风，海上村整体风貌也在改变。这几年，村里的地下污水管道建起来了，新式环保公厕有了，硬化后的村道更加平整了，健身器械场地让村民有了休闲的好去处。海上村通过完善各项基础设施建设，大力整治村庄环境，增强了村民的环境卫生意识，提升了村容村貌，打造出集生态宜居、现代文明、渔乡风情于一体的“最美乡村”。

2020年，罗源县鉴江镇推动海上村连家船民文化街区建设，海上村又迎来新变化。“目前，海上村正全力推动鲍鱼、海参等传统品种改良升级，加大名优产品的对外宣传，打响知名度。同时探索开发垂钓、休闲观光等海上文旅项目，让更多人来海上村旅游，助力乡村振兴更上一层楼。”江成芳介绍说。近年来，鉴江镇挖掘文旅资源，整合井水村度假渔村、连家船历史文化街区、远顶村记忆畲寨等项目，打造了集滨海、古镇、康养、田园等元素于一体的文旅观光产业。

展望未来，海上村坚持走特色发展之路，全力推动鲍鱼、海参等传统品种改良升级，探索开发垂钓、休闲观光等海上文旅项目，推动鲍鱼养殖转型升级，实现养殖规范有序、海面整洁亮丽。

（二）连江县东岱镇东水村

1. 东水村概况

东水村位于敖江下游入海口南岸，地势低平，海拔8米，距连江县城18公里，是连江县城的东大门和通海咽喉，也是古代连江县对外交通的重要出入口和军事要塞。敖江沿岸泥沙滩涂绵延，村外泥质滩涂盛产蟹、蟳等，内港有鲇鱼等，水产品丰富。东水村还是一个天然的避风良港，港口的四周有高山作为屏障，可以抵御狂风巨浪。

东水村海滨风光秀丽，渔家自置小舟出海捕鱼放钓，每逢涨潮时，小舟归来云集江面，天高云淡，江风习习，极目远眺，碧波荡漾，帆船倒映，轻舟摇荡，充满诗情画意的“岱江垂钓”成为“敖江十二景”之一。

2. 上岸过程

（1）上岸之前。早在清道光十八年（1838年），刘、连、林、欧四姓渔民的祖先七八户，因为受不了当地渔霸、土匪的残酷剥削和压迫，先后从闽县螺洲、琅岐、尚干和连江琯头等地迁居敖江南岸。一艘小木船居住全家几代人，长年漂泊河口近海，是这里的连家船民生活的真实写照。原想在这里可以摆脱层层盘剥，但浅海滩涂多为地主、豪绅、宗庙或社团所占有，地主和渔业大户还拥有船只、网具等生产资料，依靠场地、船只、网具出租或雇工剥削他人。这几户连家船民船小网破，只能运用简单的生产工具捕些小鱼、小虾。到新中国成立初期，敖江水上渔民约有100多户684人。

（2）上岸之初。1961年前后，东水高级渔业合作社少数社员在东岱、浦口、蝉步三个大队定居，但是他们的居住条件差，祖孙三代同住一室，而绝大部分社员仍住在连家船上。社员要出海生产时，只好将家属寄放在亲戚家里，有的社员无处寄放家属，只好让家属跟船出海。许多小孩跟随出海，安全难以保证。最初上岸的这几户人家，住的是用砖瓦盖的渔民之家。也有个别人是将连家船拉上岸，把石头垫在船下用于固定，虽还是在船上生活，但是也勉强算是上岸了。

（3）曲折的征地及定居。20世纪70年代初，由于东岱河床渐高，船只进出港口困难，而且船只无处靠泊避风，也缺乏备汛场所，因此在征得柘尾大队和浦口公社的同意，并获福建省批复后，东水大队将柘尾大队的东南方近海滩100亩土地作为新渔村建设用地，并拟建渔民住宅、大队住所、仓库、生产维修厂房、医疗站、商店等建筑物及码头、避风港等。但是，由于土地经多次钻探，无地下水源，解决不了群众生活用水，加上轮机车间、造船厂等主要车间均已设在东岱，搬迁耗资大等原因，此事就此耽搁下来。

为使连家船民早日上岸定居，本着节约用地，少占或不占农田农地，经浦口公社协商，1980年12月13日，东岱大队将外浦洲围垦的一片田地共31.72亩给东水大队使用；1981年6月9日，蝉步大队将外浦洲围垦的13.31亩田地给东水大队使用。自此东水村连家船民上岸定居用地得到解决。从1982年开始，在省、市有关部门的关怀支持下，连家船民开始改造沙地与滩涂，浇筑为水泥地基。随着渔民之家逐步建立起来，连家船民陆续上岸。到1983年，东水大队525户2021名连家船民陆续上岸定居，先后欢天喜地地搬入新居。1984年春天，东水村的连家船民不仅有了自己的房子，还有学校、卫生所、公园、码头，东水村也成为东岱镇最靓的村庄。

此后，在1998年的“造福工程”中，东水村所有连家船民全部上岸，彻底告别了漂泊生活。在2012年的安居工程中，东水村村民的居住面积、居住条件和居住环境得到进一步提高。“东海驻雄风何论在船在岸；水乡通龙脉自然宜室宜家”。正如入村牌坊对联描述的那样，如今这里村道整洁、楼房林立，东水小学、文化活动中心、疍民文化公园、卫生诊所等配套齐全，“上无片瓦，下无寸土”的流浪日子一去不复返。

3. 上岸定居与渔村振兴的有机融合

东水村连家船民上岸特色体现在连家船民上岸定居与渔村振兴的有机融合。

东水村是连江县连家船民的主要聚集地。东水村作为沿海渔村，经过长期努力，探索出了一条具有自身特点、契合当地地理环境和区位条件的连家船民上岸与渔村振兴相结合的可行道路。特别是 20 世纪 90 年代以来，东水村在各级党委和政府的关心、引导下，连家船民依托自身辛勤劳作及独特资源环境与区位条件等，走上了脱贫致富的光明道路，在发展生产、提高生活水平和建设乡村文化等方面成为新时代乡村发展建设的标杆。

渔业是东水村连家船民上岸定居、致富奔小康的经济基础。20 世纪 90 年代初，东水村成立渔业联合体，其渔业产量约占全村渔业产量的一半。1991 年，东水村开辟了新渔场，渔业生产从此走向深海、远洋。1996 年，东水村的第一批 3 艘钢质渔船前往西太平洋的帕劳群岛进行捕捞作业，一支具有远洋捕捞实力的“渔业大军”就此形成。接着，东水村办起了水产品加工业，建起了冷冻厂，形成了多品种的水产品加工生产线，实现了捕钓、加工、销售一体化。

说起这些年的变化，东水村村民如数家珍，每个人的脸上都荡漾着开心舒坦的笑容。党和政府的扶持如春风一样吹拂着东水村，渔船不断变大，过去使用的乌篷船大多已经消失了，剩下的会放到将要建设的疍民民俗馆收藏，作为祖辈们流浪江海的永久的记忆。村民手上有钱后，眼光也放远了。全村近两百户人家进县城买了房子，有的还在福州，甚至其他大城市买了房子。

近年间，村里集资建起了疍民文化公园和疍民文化中心。如今的东水村，是一个美丽、和谐、兴旺的渔村。村民们过春节时，和周边村庄的群众一样，喜欢贴“福”字。从船上到岸上，从村门到户门，不仅贴满了大大小小的“福”字，还挂满了红灯笼；不仅村民的屋里屋外贴着“福”字，连公园、工场和大街小巷都贴上了“福”字。

（三）闽江下游沿江连家船民的上岸定居

新中国成立前，闽江下游从侯官港至闽江口，分布着人数众多的连家船民。现在，闽江下游的连家船民上岸定居点主要分布在闽侯县上街镇侯官村的港里、榕桥村的包禄、沙堤村的后门江、青州村的劳光、岐安村的建新、蔗州村、马堡村的母佑里、建平村的董屿港，以及台江区闽江沿岸苍霞新城和红星新村等地。

1955年前后，闽江下游的连家船民就开始陆续上岸了。上岸过程大致分为三个阶段。第一阶段是政府实施"就地划归附近行政村管辖"政策，闽江下游的连家船民开始融入岸上社会，与岸上居民有生活、生产、习俗方面的交流。第二阶段是1996年前后连家船民在岸上分到土地。在政府的关心下，连家船民在岸上分到土地，并可建设新房。第三阶段是随着城市升级改造，连家船民过上小康生活。

1. 台江区苍霞新城

现在的台江区苍霞新城，居住着许多20世纪50年代上岸的连家船民。当时福州万寿桥下居住着大批连家船民，他们社会地位低下，生命、财产、教育都没有保障，生活十分艰苦。直至1991年3月，时任福州市委书记习近平同志登船考察连家船民的生活状况，并在下船后"马上就办，真抓实干"，切实解决了连家船民搬迁上岸问题。

如今走进苍霞新城，映入眼帘的是干净整洁的社区环境和日趋完善的基础设施。智能运维中心采用先进技术，实时监测社区出入人员；党建文化中心的建立，既丰富了社区党建活动形式，又增强了社区党组织活力，便于广大居民在浓厚的党建文化氛围中增长知识，提振精神；社区长者食堂集餐饮、娱乐、健身等服务于一体，在解决社区老年人饮食问题的同时，也为老年人提供了休闲放松场所，充分体现了社区的人文关怀。除此之外，邻里议事亭、幸福便民驿站、智慧停车等便民设施逐步完善，提升了居民的生活品质。

2. 台江区红星新村

台江区红星新村的郑和鑑、郑和金是闽江下游连家船民上岸定居，过上幸福生活的一个缩影。

福州市水运公司职工郑和鑑、郑和金都是连家船民的后代。上岸定居之前，郑和鑑一家长年漂泊，十口人蜗居在不到10平方米的船舱里，喝水、做饭、看病、上学都成问题。一次台风天，其年仅5岁的二姐不幸落水身亡。郑和鑑说："连家船民天天都在想，如果哪一天，我们在岸上有一套房子，那是多好，多么幸福的事啊。"大家盼啊盼啊，愿望终于实现了，郑和鑑和家人的命运在30多年前的一天发生了改变。1991年3月7日，时任福州市委书记习近平同志到市水运公司调研。次日，《福州晚报》头版刊登的《六十六户船上居民年内将乔迁上岸》报道了当时的情况：习近平、洪永世等领导踩着跳板，弓着身子，进入老船工郑阿俤的"家"——船舱，问船家"冬天冷不冷""台风来了怎么办""喝的水哪里来"……当习近平同志问"你们想不想上岸居住"时，连家船民们长久深藏在心底的渴望化为泪水夺眶而出——"我们太想家了"![①] 习近平同志登上了另一条"连家船"。这条"连家船"是郑和金与妻子连水花的家。"我们能有自己的房子住吗?"拉着习近平同志的手，连水花只忐忑地提了这一个问题。"你们放心，房子一定会有的!"习近平同志有力的回答，至今深深印刻在郑和金夫妇的心里。[②]

登岸之后，习近平同志立即召开现场办公会。在办公会上，

---

① 《六十六户船上居民年内将乔迁上岸》，《福州晚报》1991年3月8日。

② 《秘书工作》采访组：《实干才能梦想成真——习近平同志在福州工作期间倡导践行"马上就办"纪实》，《秘书工作》2015年第2期。

习近平同志说："都解放40年了，还有人住在船上，必须尽快改变。"① 习近平同志要求有关部门以强烈的责任心和紧迫感"马上就办"，迅速拿出实实在在的措施解决问题。

现场办公会上，福州市委、市政府决定，把解决连家船民住房难的问题列入当年为民办实事项目。1991年3月21日，《福州晚报》头版报道了"市水运公司104户'连家船'职工住房建设工程现已拉开序幕"的消息。各有关部门马上就办，真抓实干，通力合作，10个月后，包括郑和鑑、郑和金在内的104户连家船民家庭结束了"上无片瓦，下无寸土"的生活，搬进了台江区红星新村的新居。1994年春节前夕，习近平同志还专程前往红星新村探望乔迁新居后的连家船民。

郑和金回忆说，搬进红星新村后，从不晕船的他，打开新家的门却"头晕"了，他说这是幸福的感觉。套房内，客厅、卧室、厨房、卫生间、阳台等一应俱全。"头上有屋顶、脚下有水泥地，再大的风雨也不怕!"那一夜，郑和金睡得特别安稳。直到今天，郑和金依然记着"1992年1月4日"这个日子。这一天，他终于在陆上有了个安稳的家，从祖辈起在水上漂泊了100多年的苦日子，到他这一代结束了。如今，每当郑和金在电视上看到习近平总书记的画面，依然觉得很亲切："没有习近平总书记，就没有我们的家啊!"

连家船民上岸，不是把房子盖起来这么简单，得让他们有出路，才算落地生根。为此，政府想方设法给他们提供安居乐业的条件，努力为他们安排一些力所能及的工作。上岸定居后，郑和鑑的妻子江秋兰在红星新村当保洁员。上岸第一年，郑和鑑入职市水运公司机关，从船员变成了文员。2000年，他升任公司纪委书记，进入干部队伍。2009年，郑和鑑重新装修了红星新村的套

---

① 《六十六户船上居民年内将乔迁上岸》，《福州晚报》1991年3月8日。

房，添置了家电；2015 年，他又在金山买了一套商品房，购置了小轿车。

20 世纪 90 年代，一批市水运公司的连家船民下岗了。郑和金、连水花夫妇找到了新工作，连水花成了环卫工，郑和金成了搬运工。后来郑和金、连水花夫妇又在政府的帮助下当起了交通劝导员。

郑和鑑介绍，104 户连家船民一起上岸后，先后有 15 人入党。现在连家船民子弟中有硕士研究生 2 人、本科生 4 人，高中毕业的更多，连家船民后代有文化的人多了起来。他们在税务、社保、电信、医院等单位工作，有的已成为企业技术骨干。大概有 20 户买了汽车，有 10 户买了商品房，生活蒸蒸日上。

2017 年底，红星新村被列入征迁范围。2019 年 9 月，红星新村进行了回迁选房。郑和金选的房子全家都非常满意，房子靠东，可以看江，面积增加到 90 平方米。住进红星新村的回迁房，曾经的连家船民又将迎来新的生活。

从小跟随家人在连家船上生活的郑和鑑，是这段历史的亲历者和见证者：见证了连家船民在习近平同志的指导下开启美好生活的新篇章。在习近平同志的关怀和帮助下，连家船民逐渐改善了生活条件，过上了好日子。安居工程，让连家船民上岸安家；政府的帮扶，让连家船民解决就业、住房等问题；连家船民的子弟得到了接受良好教育的机会。郑和鑑从中深深地感受到两点：一是习近平同志在福建工作期间"以人民为中心"的发展理念；二是党和国家扶贫和"造福工程"的好政策。① "现在，连家船民已经挺直了腰杆。"郑和鑑动情地说，"祖祖辈辈'住有所居、病有所医、老有所养、幼有所学'的家园梦实现了。上岸定居后的每一

① 根据 2022 年 7 月 8 日郑和鑑在闽江学院"习总书记与台江区连家船民上岸"主题访谈上的讲话整理。

天，都是我最好的日子。”

3. 闽侯县上街镇青州劳光村

闽侯县上街镇青州劳光村卞氏兄弟是闽江下游连家船民上岸定居，过上幸福生活的另一个真实写照。

卞氏兄弟的祖上为谋求生活，从山东济南“漂流”到福州，常年在闽江下游江面以打渔为生，生活与生产都依赖一艘渔船，偶尔也在闽江上放木排。

因为要修渔船，连家船民就在闽江岸边的滩涂上搭建临时的草寮。久而久之，草寮就成为闽江下游连家船民上岸的“房屋”。每当遇到特大洪水，草寮就会被洪水冲走，因此他们依然“居无定处”。

1955 年，政府实施“就地划归附近行政村管辖”政策，闽江下游的连家船民开始融入当地生活。不过，这时他们还没有自己的土地，得租岸上居民的土地耕作。后来，卞氏兄弟的父辈在侯官村买了一块约 14 平方米的地，盖了个两层的房子。但因兄弟姐妹多，一家人挤在一起，生活还是相当艰苦。

1996 年前后，在当地政府的关心下，卞氏兄弟在青州村分到土地，并可建设占地 60 平方米的新房。因经济困难，卞氏兄弟的房子只是简单装修了事。现在卞氏兄弟的孩子们住的是商品房，也有稳定的工作，生活条件比上岸之初好太多了。

谈到上岸后生活的变化，卞氏兄弟满脸幸福。首先，身份变化。过去由于漂泊不定，生活没有保障，他们被看作特别困难的社会群体，常被岸上居民排斥。如今他们与其他人一样，都是福州市民。其次，居住条件变化。从连家船到草寮再到商品房，从 14 平方米到 60 平方米再到 100 多平方米，卞氏兄弟说：“这可称得上是翻天覆地的变化。这得感谢党，感谢政府!”第三，心态变化。过去靠天吃饭，朝不保夕，如今大学城建起来了，交通很方便，生活很幸福。第四，生活条件变化。以前是漂泊无定，在闽江放排常有生命危险，上岸定居后，许多人在大学城做保安、学生宿舍楼管等，收入有保证，工资待遇逐年提高，孩子们也都有稳定的工作和收入。

4. 上岸定居与城市居住区建设的有机结合

闽江下游连家船民上岸特色体现在连家船民上岸定居与城市居住区建设有机结合。

从1997年开始，根据习近平同志的调研报告，福建省委、省政府把“连家船民上岸定居”纳入为民办实事项目，并列入“造福工程”，解决了这个最特殊、最困难群体的生产生活问题。《福州晚报》持续报道了福州连家船民上岸定居的过程。1999年12月26日，《漂泊人告别“飘荡”生活》一文中提到：“我市最后241名连家船民将于新千年春节前全部上岸定居。”2000年7月，在习近平同志的指导推动下，苍霞棚屋区拆迁改造工作正式启动，400天后，棚屋区的连家船民搬进了苍霞新城，迎来了新生。20多年后的今天，随着时代的变化和社会的发展，苍霞新城正按要求进行统一修缮、提升改造，连家船民的生活水平也不断提高。

三、宁德连家船民上岸定居

宁德是福建省辖地级市，位于福建省东北翼沿海，东临东海，与台湾隔海相望，西邻南平，南接省会福州，北接浙江。宁德市下辖蕉城区、福安市、福鼎市、霞浦县、古田县、屏南县、寿宁县、周宁县、柘荣县9个县（市、区），有43个乡（含9个民族乡）、69个镇、14个街道办事处，215个居委会、2134个村委会。截至2023年末，宁德市常住人口315.7万人。2023年，宁德市实现地区生产总值3807.33亿元，同比增长8.6%。宁德市海岸线（不包括岛屿）长943.2公里，占全省海岸线总长的28.35%；海域面积4.46万平方公里，占全省海洋渔场总面积35.63%。区域内有岛、礁、沙、滩、岬角、水道、河口共 1215 个，大小港湾 29 个，拥有三都澳、沙埕、三沙、赛岐等天然良港。宁德市的连家船民大多分布在沿海地区。

（一）“造福工程”

1. “造福工程”率先开启

“造福工程”是宁德实现共同富裕的有效途径，而“连家船民上岸定居”工程则是“造福工程”的重要组成部分。

1994 年，在前期零星分散实施的基础上，宁德在全省率先全面实施“造福工程”。“造福工程”主要包括“农村茅草房改造”“连家船民上岸定居”“整村搬迁集中安置”等项目。1996 年至 1997 年，宁德重点改造茅草房，2104 户 7701 人获得安置；1997 年至 1999 年，宁德完成连家船民上岸定居任务，共有 4723 户 19378 人得到安置，基本结束了大多数连家船民漂泊海上、居无定所的历史。

1998 年 4 月 24 日，时任福建省委副书记习近平同志与《闽东日报》总编辑王绍据等人来到霞浦县盐田乡北斗村调研连家船民搬迁上岸。实际上在 1997 年，省财政就拨下专款，开始为连家船民在岸边新建住宅。此行到宁德，习近平同志就是专程过来调研连家船民上岸后为什么又回到船里。习近平同志登上了杨永雄家的船，在了解到实情后指出：“连家船民搬迁，不能把房屋盖起就算完事，更要让他们有生活、有出路，能挣着钱，不能人上了岸，心还留在船上。”①

1999 年，杨永雄一家也搬到了北斗村外岐后连家船民上岸定居点。房子占地 80 平方米，地由政府协调，盖房花了 1.2 万元，

① 本书编写组编著《闽山闽水物华新——习近平福建足迹（上、下册）》，福建人民出版社、人民出版社，2022，第 49 页。

除去6口人每人补助1000元，实际只花了6000元。20多年过去了，杨永雄仍清楚记得，上岸第一夜，定居点里家家灯火通明，许多人彻夜不眠。“突然不在风浪里摇摇晃晃了，反而有点晕床。”至1999年底，盐田乡包括北斗村在内的所有连家船民全部上岸定居，从此彻底结束了海上漂泊的历史。

习近平同志的一次调研，“彻底改写了我们的命运”。纵使古稀之龄，杨永雄依然精神矍铄，不断为大家讲述连家船民上岸新生的幸福故事。“那天的情形，父亲后来也经常跟家人念叨，‘没见过这样关心连家船民的领导’。是习近平总书记让我们的下一代不再吃没文化的苦，也让我们连家船民挺直腰杆。我永远感他的恩，念他的情。”杨永雄感叹道。

50岁才上岸定居的杨永雄，清楚以前的日子过得有多苦。那时连家船民常年困守海上，是无财产保障、无生命保障、无教育保障的“三无”群体。“‘人随船走，船随水漂’，就算把孩子送上岸读书，一到涨潮，也要把孩子从学校喊回船上，孩子无法接受正常、完整的教育，读书一直都是连家船民的心头大事。”谈起自己与儿女的教育问题，杨永雄无比遗憾。转变很快到来，上岸定居对连家船民是一次史无前例的蜕变，也真正实现了连家船民子女的“求学梦”。

“这几年村里每年都有五六个孩子考上大学，有些还考上重点大学。”连友华满脸自豪地说。北斗村还对考取高中和本科院校的家庭困难学生，在学习期内给予每年500元至2000元不等的奖励资助，勉励他们好好读书，将来回报社会。如今，杨永雄的两个孙女都在离家只有5分钟路程的盐田中心小学读书。看着孩子们坐在窗明几净的教室里念书识字，杨永雄打心眼里高兴。每天接送孙女上下学，成了杨永雄最幸福的时光。

漫步北斗村，连家船民困苦的生活环境早已不见：整洁平坦的硬化村道、规划有序的村民住房，家家户户外墙上挂着牡蛎壳与渔网，尽显这座海边渔村的勃勃生机，正在兴建的北斗连家船民展示馆将会把连家船民的历史和变迁故事不断向后人讲述。

2.“造福工程”持续推进

1999年之后，宁德继续发扬“弱鸟先飞”“滴水穿石”的闽东精神，沿着习近平同志扶贫、脱贫的工作思路，持续推进“造福工程”向“整村搬迁、集中安置”阶段过渡。截至2007年，宁德累计为“造福工程”投入补助资金1亿元，兴建搬迁安置点1000个，其中百人以上搬迁安置点477个。累计搬迁16.4万人，约占全省“造福工程”搬迁人数的40%，全市减少自然村2278个，约占全市自然村总数的20%。经过搬迁安置，有效改善了连家船民、老区群众、少数民族群众和地质灾害险情地带群众的生产生活状况。

1999年11月6日，时任福建省代省长习近平同志前往福安市甘棠镇甘江村看望告别小船上岸定居的连家船民。甘江村1100多名连家船民也是在“造福工程”的政策下搬迁上岸的。从1997年开始，当地政府在岸上征地23.3亩，为甘江村建起250多套房子，让曾经“上无片瓦，下无寸土”的船民上了岸，睡上了安稳觉。

甘江村村民刘少英一家属于先富起来的。1998年初她家就建起了当时村里唯一的两层楼房，通有水电，用上了电话，还看上了电视。新房的大门上贴着大红对联：“上岸不忘党委政策好；定居多亏政府功德高”。

习近平同志走进地上铺着瓷砖、屋里摆满家具的刘少英家新房，高兴地说：“你们住得比岸上的人还好。”“习省长揭开我家放在桌子上的饭菜防蝇盖子，仔细问了我们家的生活情况，还有上岸后靠什么收入。我们说上岸以后除了捕鱼还修船，一年收入数万元，他听了很高兴。”刘少英回忆说。

从刘家出来，走在村里的防洪堤上，习近平同志又问刘少英还有什么困难需要解决。“当时的防洪堤只有3米宽，而且除了外侧的条石，路面都是泥土，一到下雨，泥泞不堪，孩子们只好走在条石上面，很危险。所以，我就提出来，能不能把这条路改造成水泥路？他马上答应帮助解决。”刘少英回忆，“没多久上级就拨款5万元，硬化了路面，还拓宽至5米。”

调研归途中，习近平同志感慨地说：“老区‘五通’工程、茅草房改造工程、连家船民上岸定居工程就是要为人民群众中最困难的这部分人办实事，这是我们共产党人应该做的事，也体现了共产党人为人民服务的宗旨。”①

进入21世纪以来，宁德持续加大“造福工程”实施力度，推进整村搬迁，到2017年，累计实施“造福工程”88549户398871人，其中2008年以来完成搬迁19.24万人。宁德通过“造福工程”一是大大拓展了搬迁群众的就业机会与途径，到集镇打工更加方便，从事第二、三产业的人数有所增加，脱贫致富的步伐明显加快；二是有力促进了城乡融合发展，打破了城乡二元结构，不仅为搬迁群众提供了更加舒适便捷的生活环境和公共服务，而且让农户融入当地发展，解决增收问题，真正让贫困群众搬得出、稳得住、逐步能致富；三是通过整村搬迁的方式，对新安置点进行科学规划建设，村容村貌焕然一新，彻底改变了原来脏乱差的状况。这就为宁德在2020年如期实现脱贫致富奔小康的世纪目标奠定了坚实基础。②

（二）“连家船民上岸定居”工程

1998年前，宁德的连家船民主要分布在现在的蕉城、霞浦、福安一带。由于浅海资源枯竭，讨小海已难以维持生计，发展养

---

① 段金柱、兰锋、黄如飞等：《饮水思源　勿忘老区——习近平同志关心支持福建老区建设和发展纪实》，《福建日报》2014年11月1日。

② 叶兴建：《精准扶贫的“宁德模式”》，厦门大学出版社，2018，第87—93页。

殖又缺乏资金，加上自然条件恶劣，这些连家船民生活十分贫困，与基本实现小康的省情形成强烈对比。

1999年，宁德地委、行署把“连家船民上岸定居”工程列为“造福工程”和“脱贫致富奔小康”的重中之重。行署制定了各种扶持政策，无偿提供土地、补助造房资金，统一规划、加快建设渔民新村，确保2000年前所有连家船民上岸。根据有关政策，宁德地区沿海各市、县按照每个连家船民补助1300元的标准，统一征地、统一设计、统一施工，想方设法让所有连家船民搬进新居。在政府部门和连家船民的共同努力下，宁德地区67个连家船民新村共4500多座新房在2年时间内建成，连家船民于2000年10月全部实现上岸定居。有关部门又积极帮助上岸的连家船民发展生产，引导他们从传统的网捕作业转到耕田、内海养殖和外海捕捞等方面。

从2004年开始，部分连家船民还享受到人均每年1000元左右的农村“低保”补贴和省里为困难群众解决住房的优惠政策。2004年，宁德67个连家船民新村都已新建了小学，连家船民子弟中走出了50多名大学生。此后，由于兄弟省市实施填海活动和近海渔业资源减少等原因，宁德域外的连家船民主动向条件较好的宁德沿海迁移。同时，宁德原先上岸的连家船民也有一部分因“分家分户”或生产就业遇到困难，又不得不返回船上生活。

2012年，在开展“四下基层”活动中，宁德市委、市政府发现了这一问题，决定再次组织实施“连家船民上岸定居工程”，把连家船民列为“造福工程”的搬迁对象，在享受有关优惠政策的基础上，市、县两级为每户筹措10万元建房资金，帮助他们上岸建房。到2014年，宁德实现了1500多户5000多人的连家船民全部上岸定居。至此，前后总共有2.5万名“以船为家、居无定所”的连家船民全部上岸定居。连家船民上岸后，由地方政府负责，安排技能培训、转移就业以及扶持发展滩涂养殖等脱贫项目，实现转产就业和增收致富，涌现出福安市下岐村、溪邳村等一批环境优美、设施完善、群众安居的美丽乡村。

（三）福安市连家船民上岸定居

福安市为福建省辖县级市，由宁德市代管，位于福建省东北部，地处鹫峰山脉东南坡、太姥山脉西南部、洞宫山脉东南延伸部分。东邻柘荣县、霞浦县，西连周宁县，北毗寿宁县、浙江省泰顺县，南接宁德市蕉城区、三沙湾。福安市辖 4 街道、13 镇、5 乡（其中 3 个畲族乡），另有 2 个经济开发区（福安经济开发区、福安畲族经济开发区），设 48 个社区居民委员会、439 个村民委员会。截至 2023 年底，福安市户籍总户数 204040 户，总人口 672072 人。福安市文化积淀深厚，这里是老一辈无产阶级革命家奋斗的热土，有历史名茶坦洋工夫茶，还有瓜溪“活化石”刺桫椤、柏柱洋明清古民居、溪塔葡萄沟、仙岫畲族风情、中国传统村落廉村等，形成了“红、茶、古、畲、廉”的传统福安文化。福安市境内有沈海高速、宁上高速、福泰高速、温福铁路等公路铁路穿境而过。

1. 连家船民建新居工程

1999 年，福安市把连家船民建新居定为年度重点建设项目和市委、市政府年度为民办 10 件实事之一，并作为中华人民共和国成立 50 周年献礼的重要项目。连家船民建新居遵循宁德市提出的四条原则。一是坚持扶贫开发的方针。在帮助连家船民搬迁上岸定居，改善生活条件的同时，坚持扶贫开发，帮助上岸定居的连家船民安排好生产，稳步解决温饱问题。二是发扬自力更生的精神。连家船民上岸定居所需经费立足于自力更生，以群众自筹为主，省、地、市财政补助和有关部门支持为辅。三是坚持自愿的原则。做好连家船民思想工作，尊重他们的意愿，在自愿的基础上有计划地组织实施。四是加强规划指导。连家船民的定居工作与土地利用总体规划和村镇建设规划相衔接。根据现有条件采取多种方式，可以挂靠在适合的自然村，有条件的地方也可以相对集中定居，确保上岸定居的连家船民有一个良好的生活环境。

福安市连家船民新村的规划设计结合了当地连家船民的实际情况，尽可能地把新村规划设计好，把集中安置和奔小康建新村结合起来，实行统一选点、统一征地、统一规划、统一设计，既做到省土地、省材料、省时间、省费用，又保证水、电、校、厕等基础设施配套完善。此外，还充分考虑连家船民经济条件的不同，分“安居房”“解困房”“特困房”等几种类型建设，确保最困难的连家船民也能够同期上岸定居。

在连家船民建新居的资金筹措与安排上，1999 年，福建省按人均 800 元的标准给予补助，宁德按人均配套补助 400 元，福安市按人均 400 元的标准给予配套。各级补助配套资金及时落实到位，确保了连家船民建新居工程顺利进行。在福安市的配套资金中，市财政人均配套 200 元，乡镇人均配套 200 元。福安市有连家船民 5069 人，市财政总共配套资金 101.38 万元，列入 1999 年度福安市财政预算盘内。为了实现按工作进度及时下达资金，确保工程进度，福安市财政按照“完成建房基础预拨款 20%，一层平台预拨款 50%，市级验收后拨款 30%”的做法，在当年的 5 月、8 月、10 月初分三批下达省、地、市补助资金，按时将款项拨入“造福工程”专户，实行专款专用。

为了使连家船民建新居工程顺利完成，福安市采取了以下四个方面的有力措施。

(1) 宣传发动，营造氛围。连家船民居无定所，漂泊分散，经济基础相当薄弱，虽然有省、地、市的补助资金和优惠政策，但相当部分连家船民建新居的难度还很大，按期完成任务的难度更大，必须做大量细致的工作，加大宣传、动员工作的力度。各有关乡镇和部门深入连家船民，宣传政策，做好说服引导工作，激发他们建新居的热情，使每个上岸建新居的连家船民思想认识到位，态度积极，自愿主动。《福安日报》、福安市广播电视台等新闻媒体加强对连家船民建新居工作的宣传，不断报道先进事迹和典型案例，推广新经验、好做法。市直机关单位组织开展了“向连家船民送温暖、献爱心”活动，通过向迁入新居的连家船民捐献衣物等形式，激发社会各界关心连家船民建新居的热情，从而加快了这项工作的进程。

（2）加强领导，明确任务。领导重视是连家船民顺利上岸建新居的重要保证。福安市成立了连家船民上岸建新居领导小组，各承担任务的乡镇、街道均成立了相应的领导小组，并落实责任人。在 1999 年福安市连家船民建新居工作中，市脱贫办主任为项目第一责任人。各乡镇、街道按照福安市委、市政府下达的具体任务，认真组织实施，确保任务按期完成。

（3）抓点促面，平衡进展。下白石镇下岐村、溪尾镇溪邳村、甘棠镇甘江村、阳头街道环溪村 4 个市级连家船民建新居示范新村，由福安市委、市政府 4 位副处级以上领导挂点。同时，由脱贫、民政、对台、教委、水产、计委、建委、水电、交通 9 个单位挂钩，挂钩单位各派一名副科级领导，抽调一两名得力干部组成驻点工作组，驻村抓落实、抓进度。其他乡镇计划营建的连家船民新村也派驻工作组，专人负责、专人落实，以确保全市点面结合，平衡进展。

（4）各负其责，形成合力。连家船民建新居是个复杂、庞大的工程，福安市直 7 个重要职能部门共同配合，通力协作。市脱贫办负责连家船民上岸建新居任务的完成，按照实施方案，分工落实，督促检查，并抽调人员驻村抓点。市建委负责连家船民新村规划和单宅住宅设计，尤其是 4 个市级连家船民建新居示范新村的规划，在规划设计过程中，不收取任何规划设计费用及其他有关费用。市土地局帮助搞好新村的选址定点工作。选址尽量考虑方便连家船民的生产、生活，每户实际建房用地面积不超过 60 平方米，尽量利用非耕地，严禁占用农田保护区，同时，积极为连家船民提供便捷服务，及时为其办理用地报批手续，并且做到特事特办。市教委负责连家船民建新居的子女就学和新建学校的布点，对连家船民新村的新建学校布局提前介入，确保每个建房户的子女都有书读；上岸连家船民的子女就学，与当地就学学生同等对待，不收取其他费用；连家船民建房户中属绝对贫困户的子女，可免交学费。市水电局负责全市连家船民新村的水、电设施配套，尤其是 4 个市级连家船民建新居示范新村的水、电配套项目被列入全市 1999 年度水电项目，给予重点考虑，优先解决，确保新村当年建成，当年通水、通电。市交通局负责全市连家船民新村的路网建设，对 1997—1999 年度全市新建的船民新村路网项目，重点统筹解决，将 4 个市级连家船民建新居示范新村的道路建设列为重点，确保当年路通。市计委负责全市连家船民新村的水、电、路、码头、公厕等公共基础设施建设的立项上报，争取省、地的重点倾斜和大力支持。同时，市直 9 个单位在 1999 年度都为挂钩新村各办了一件 2 万元以上的实事。

在各方的共同努力下，福安市于 1999 年 3 月底前完成了新村选址、定地、总体规划、单体住宅设计以及安置户名单的落实；4 月各新居住点全面动工，月底基本完成地基平整；5 月开始砌基、砌墙；8 月 95%以上的建房户完成了一层平台或一层封顶；9 月 20 日前全部建房户迁入新居安置，并接受了省、地的检查验收，顺利向中华人民共和国成立 50 周年献礼。

福安市 1999 年度连家船民建新居一览表

乡镇（街道）名称	户数	人数	备注
阳头街道	65	301	营建环溪市级示范新村 1 个
赛岐镇	48	199	营建王厝新村 1 个

续表

乡镇（街道）名称	户数	人数	备注
穆阳镇	18	64	营建苏堤新村1个
溪柄镇	48	233	营建下邑、马厝新村2个
甘棠镇	116	540	营建甘江市级示范新村1个
下白石镇	439	2094	营建下岐市级示范新村1个
城阳乡	11	52	插花安置
坂中乡	4	21	插花安置
湾坞乡	71	334	营建马头、半屿新村2个
溪尾镇	265	1231	营建溪邳市级示范新村1个
合计	1085	5069	新建、续建船民新村10个，其中市级示范新村4个

资料来源：《福安市人民政府关于认真组织实施1999年度连家船民建新居工作的通知》。

1999年，福安市以“集中联建新村为主，零星插花安置为辅”，新建、续建连家船民新村10个，安置连家船民1085户5069人。

2. 连家船民安居工程

从1999年的安置情况看，连家船民上岸定居还存在补助资金偏少、安置的建筑面积偏小、连家船民子女相对偏多、人均住宅面积较小等问题。2001年至2011年，多地出现部分连家船民居住困难甚至返回渔船居住的情况。据2011年9月的摸底统计数据，在福安市重返岸边、船上居住的连家船民中，城阳、甘棠、赛岐、溪尾、阳头、溪潭、下白石7个乡镇（街道）有677户2949人存在住房困难问题，其中，城阳镇无房户18户70人，甘棠镇80户344人（含无房户49户，住房面积小的31户），赛岐镇35户151人（含无房户28户，住棚户房7户），溪尾镇234户1089人（含无房户57户，住棚户房5户，住低洼危房的29户，住房面积小的143户），阳头街道177户614人（含无房户122户，住棚户房8

户，住房面积小的47户），溪潭镇无房户20户112人，下白石镇无房户113户569人。

为彻底实现连家船民岸上定居，改善连家船民的生产生活条件，2012年至2013年，福安市根据《中共宁德市委、宁德市人民政府关于实施“船民安居工程”的意见》精神，又组织实施了连家船民安居工程。福安市委、市政府把连家船民安居工程列入福安市“十二五”民生工程、2012年为民办实事项目，纳入“造福工程”，作为扶贫开发工作的一项重要举措，也是为民办实事的“民心工程”，多渠道筹措资金，实施特殊的优惠政策，用2年左右的时间彻底解决了连家船民上岸定居问题。

福安市连家船民安居工程遵循“政府引导、尊重民意，统一规划、集中安置，区分对象、分类解决”的原则。2012年至2013年两年时间内，福安市全市新建、续建连家船民集中安置小区18个，用于安置连家船民，其中溪尾6个，下白石5个，甘棠、阳头各2个，城阳、溪潭、赛岐各1个集中安置小区。7个乡镇均在2012年至2013年两年时间内完成了连家船民建新居任务，解决了677户2949人连家船民的住房困难问题，让他们全部实现上岸定居。

其中，福安城区、赛岐等乡镇（街道）将连家船民无房户列为政府保障性住房的享受对象；有条件的乡镇建保障性住房安置连家船民；鼓励连家船民购买商品房，政府按“造福工程”的标准给予补助。集中安置小区实现了路、电、水、通信、广播电视信号等“五通”，形成了用地合法、布局合理、路网完善、安全节省、规划整齐、统一美观的新风貌。福安市政府配套相应的基础设施资金，完善了集中安置点的基础设施建设。

2012年至2013年，为了顺利实施连家船民安居工程，福安市制定了以下五个方面的政策措施。

（1）用地优惠。由相关乡镇（街道）负责征地，按照一户一宅

60 平方米的用地标准，无偿提供农村集体建设用地，征地补偿费用由市财政予以核拨。市建设局、国土资源局、水利局等相关部门会同相关乡镇（街道）负责完成连家船民安置点选址。城阳镇连家船民安居工程实施对象在高坂茶场保障性住房项目中予以安排。赛岐镇连家船民安居工程实施对象在赛岐镇保障性住房项目中予以安排。购买保障性住房的连家船民安居工程实施对象享受同等相关补助等优惠政策。

（2）资金补助。连家船民安居工程实施对象纳入市级“造福工程”指标，由市财政按照省的标准给予安排补助资金。连家船民安居工程实施对象在享受人均 3000 元补助的基础上，每户由福安市财政予以补助 1 万元建设资金。

（3）减免规费。参照“造福工程”优惠政策，免收征地管理费、基础设施配套费、耕地开垦费、新增建设用地有偿使用费、新型材料专项基金、散装水泥专项资金等各种行政事业性收费和政府性基金。

（4）项目配套。集中安置点基础设施配套建设，通过政府牵头、部门支持、社会捐助、群众投工投劳等多渠道解决。市财政给予连家船民安居工程 4 个集中安置点安排公共基础设施配套项目资金 100 万元，先行从 2012 年“造福工程”财政预算中列支。各集中安置点补助额度由市扶贫办、财政局研究，报福安市连家船民安居工程领导小组审定。集中联建安置点的饮水工程由市水利局牵头负责，予以优先考虑解决；供电工程由市供电部门牵头负责，予以优先考虑解决；道路硬化工程由市交通局牵头负责，予以优先考虑解决；市广电局负责广电联网配套工程建设；市电信局负责完善安置点的通信设施。集中联建安置点的教育、卫生、文化等配套服务设施项目，优先享受规模安置点的财政奖补政策。各有关乡镇（街道）将农村公益事业“一事一议”财政补助等优惠政策捆绑配套扶持连家船民上岸定居集中安置点的公共基础设施建设。

(5) 促进增收。福安市始终坚持生产、生活并重，拓宽上岸定居连家船民的增收途径，提高他们的自我发展能力。安置点的规划选址都以尽量方便连家船民生产、生活和就业为核心要求，并加大了政策扶持力度。连家船民安居工程搬迁建房户中，属于计生户（独生子女户、两女户）、孤寡户的，优先获得市农户自立服务社发放的小额信贷扶贫项目资金支持。同时，支持连家船民发展第二、三产业，自主创业，加强了对连家船民有针对性的技术培训、择业指导和就业服务，组织连家船民参加“阳光工程”等各类培训，并组织有意愿的连家船民外出务工。

四、闽东连家船民上岸第一村——福安市下岐村

（一）特色渔民新村

下岐村是宁德市福安市下白石镇下辖的行政村，位于白马江畔，临近一类口岸白马港，毗邻高速公路互通口。下岐村依山而建，一排排楼房沿山坡而列，背山向阳、视野绝佳。下岐村是个纯渔业村和连家船民上岸定居村，被誉为“闽东连家船民上岸第一村”。下岐村是“福安市连家船民安居工程”新村示范点，下辖六锁山、横山两个渔民新村和半屿、渔民塘、码头、下塘、镜塘桥、洋中厝六个安置点。全村人口782户3571人。

1997年以前，下岐村有名无实，全村700多户连家船民以讨小海为生。而今，下岐村村民一改过去从事单一的捕捞渔业，转为大力发展水产养殖、海洋捕捞、商贸服务、建筑等多种产业，人均可支配收入从搬迁上岸前的不足千元，增长到2万多元。同时，下岐村还实施了村财增收项目，对位于湾坞农场的450亩养殖塘进行改造、出租，增加了村集体资产收益。随着第三产业的发展，下

岐村由渔村变成了商埠集镇。

近年来，在乡村振兴战略的指引下，下岐村立足海洋经济，以海洋生态环境、自然景观及渔业独特优势推动旅游娱乐与生态渔业有机融合，走出了一条产业与生态协调发展的路子。随着基础设施不断完善、人居环境不断改善、村容村貌不断提升，下岐村吸引了不少周边的游客，走出了一条“具有渔村特色”的美丽乡村建设新模式。2019 年，下岐村被列为省级乡村振兴示范村。2021 年 9 月，下岐村被中央农村工作领导小组办公室、农业农村部、中央宣传部、民政部、司法部、国家乡村振兴局认定为第二批全国乡村治理示范村。

（二）分批搬迁上岸

1. 上岸前：以海为家，四处漂泊

历史上的下岐村“上无片瓦，下无寸土”，渔民以海为家，四处漂泊。据下岐村党支部原书记郑月娥介绍，过去连家船民长年困在海上，时常遭受台风、浪潮的威胁，是无财产保障、无生命保障、无教育保障的“三无”群体。80 后连家船民江成坤对穷困生活记忆犹新：“父亲出海，要上学的三兄弟在岸上没地方住，只能住寮棚，饭也是有一顿没一顿的。只有父亲出海回来才能回船上住几天。”

50 多岁的江成财是下岐村的一名党员。二十几年前，江成财一家六口人还挤在一条长 7 米、宽 2 米的小木船上，船上没有厕所，垃圾和污水直接从船尾倾入大海，有时也会在船尾饲养家禽。根据江成财回忆，从记事起，这条船就是他对“家”、对“房子”的最初印象。父母捕鱼时，用绳子把他系在船头，生怕他掉下水；到了 8 岁还没有穿过裤子，小时候经常跟妈妈去讨饭。由于长年在海上漂泊，文化程度低成了他的一大遗憾。

2. 第一批：结束漂泊“搬上来”

1998 年和 2000 年，习近平同志两次到下岐村入户调研，指

示："我们不仅使他们搬上来、住下来，还要让他们富起来，真正安居乐业过上好日子。"不过两年时间，下岐村面貌焕然一新，平旷的土地上盖起了300多栋新房，妇女们谈笑间编织渔网，青壮年往来奔忙、渔获满仓，黄发垂髫各得其乐。①

"一家人都好，这是大好事!"村民江成财在新家里激动地向习近平同志讲起生活的变迁，"小时候，八九岁还没有裤子穿。一到过年，就跟着母亲挨家挨户乞讨，看到别的孩子有饭吃、有肉吃，羡慕得不得了。"②

江成财是下岐村土生土长的连家船民，1999年上岸时他已是而立之年，有3个小孩，用政府补贴建了一套60多平方米的钢筋水泥房子。上岸后，江成财一边赶小海，一边到别人的滩涂地里学习海蛏养殖技术。没读过书、不识字，他只能用耳朵听、眼睛看，用最笨的方法学，靠着一股子韧劲掌握了技术。习近平同志来调研时，他已经带领30多名村民承包了100多亩滩涂。江成财积极申请入党，又在建筑工地学到了技术，自己拉起了一支建筑队，带领100多名乡亲承包工程。从没有片瓦的连家船民，到在陆地上为居民盖楼房的建筑商，他没有辜负习近平同志的期望，成了远近闻名的致富典型。2020年，江成财对采访记者表示，上岸后路子广了，人脉多了，眼界宽了，并说："早就过上了小康生活，但我们还要继续奋斗，带动乡亲们一起奋斗。"③

从江成财家出来，习近平同志在外边碰到连家船民江五全出

① 本书编写组编著《闽山闽水物华新——习近平福建足迹（上、下册）》，福建人民出版社、人民出版社，2022，第50页。

② 本书编写组编著《闽山闽水物华新——习近平福建足迹（上、下册）》，福建人民出版社、人民出版社，2022，第50页。

③ 赵丽梅、张艺、陈强：《下岐村的连家船民：海上漂泊者上岸开启新生活》，中国青年报客户端2020年7月18日。

海回来，就进到他家坐了十几分钟，了解安置情况。[①] 江五全从小随父母在海上捕鱼，1999 年搬迁上岸。以前在船上除了捕鱼，其他技术他一点都不会；上岸后他开始学习养蛏技术，也做过海鲜销售、电焊工、吊机工程船水手等多个工作。

1997 年至 1999 年，下岐村启动第一轮上岸定居工程建设，按照连家船民的生产生活习惯，采取统一征地、统一规划、统一建房、统一发放的形式，统一解决“三通一平”。每户建房面积约 40 平方米，预留卫生间和加层楼梯位，每人补助 1300 元。液化气灶、席梦思床、电风扇等均为政府组织捐赠的。

1999 年，时任下岐村党支部书记陈寿章三天两头到渔船上宣传上岸政策。江成财听到有机会离开渔船激动得难以入睡，第一个站出来响应：“我不想让孩子再走我的老路，一定要让他们上岸，接受教育，改变生活。”

为引导连家船民有序搬迁，村党支部充分发挥党员“三带”作用，即带头主动搬迁上岸、带领挂钩户搬迁、带动观望等待连家船民搬迁，制定“党员干部联系户”制度，每名党员及村干部挂钩联系 5 户连家船民，帮助经济困难的连家船民度过“搬迁—上岸—定居—生活”适应期。三年时间里，为安置村里的连家船民，上级投入 700 多万元，分别在下白石镇镇区及毗邻的湾坞镇新建了 2 个新村和 6 个安置点，共建房 339 幢，安置渔民 511 户 2310 人，2000 年全部搬迁上岸。“上岸的那一夜，很多人激动得睡不着，家家户户灯火通明。”江成财回忆说，“我们村第一批上岸的船民，当时分配的房子面积虽不大，但环境比原先好太多了。政府免费给宅基地，又配套了水、电、路等基础设施，还帮我们贷款用以装修。”

郑月娥清楚地记得，刚上岸时，连家船民住的还是吊脚楼，

---

① 中央广播电视总台央视新闻：《连家船民上岸记》，2019 年 3 月 12 日。

家家户户看起来都一样。为了方便工作，她自己动手绘制了一张图，详细标注了各家各户的情况。这张图，她当宝贝一样带在身边。

3. 第二批：连家船民上岸安置

随着生活水平的不断提高，连家船民对住房的需求也不断提升。由于人口增加，住房面积不够，原安置地处于低洼地带等原因，到2012年，有120户642人需要再安置。福安市把下岐村连家船民安居工程列为“十二五”民生工程和为民办实事项目，投资3000万元，解决了下岐村最后一批连家船民上岸定居问题。历经数次提升，连家船民们陆续住上了宽大舒适的新房子。

2012年，郑月娥当选村党支部书记。为了彻底解决连家船民上岸定居和生产问题，郑月娥着手推进下岐村连家船民安居工程。下岐村争取到670多万元补助资金，建成了4栋120套新居，解决了最后一批120户642人上岸定居问题，连家船民全部搬上岸。最后一批连家船民安居工程中，一套103平方米的安居房，每户可享受5万多元的政府补助，村委会还替每户担保贷款6万元，每户连家船民先付5万多元就能住上电梯房。从下岐村向远处眺望，4栋高楼拔地而起，甚是靓丽。郑月娥说：“四栋高楼是村里最后一批连家船民安居工程，地处湾坞镇渔民塘，占地12亩，村里120户连家船民搬迁入住，这也意味着下岐村700多户连家船民，一个不少地上岸定居了。”

如今走进下岐村，一排排黄墙红顶的新楼房依山傍海，鳞次栉比。家家通上了水、电、网络、有线电视，村中建起了设施比较完善的卫生医疗室，学校也完成了新一轮的扩建，浓浓的美丽新村气息扑面而来。

（三）强大的组织保障

“忆往昔居住小木舟，满江漂泊；想今朝岸上建新房，倍感党恩。”这副对联张贴在下岐村许多村民家的门上，道出他们共同的心声。没有党和政府的关怀，连家船民“搬上来、住下来”的梦想难以实现，更谈不上脱贫致富奔小康。扶贫搬迁是福建省扶贫开发实践中的经典做法。但搬迁涉及千头万绪，各项政策、部署要想取得实效，最终还得依靠党的基层组织及广大党员干部去落实。

连家船民最关心的上岸、定居、致富等多年来得以扎实推进，关键在于把好政策落到群众的心坎上，真正调动他们的积极性和创造性，主动接受“输血”，积极自我“造血”。下岐村党支部持续发挥基层组织的战斗堡垒作用和党员的先锋模范作用，发挥传统渔业优势，大力推进特色产业发展。在下岐村党支部的带领下，村民们从事海产养殖、海鲜销售、餐饮等行业。江成财介绍说，上岸之后，政府年年给他们送鱼苗、送技术、送资金，帮助大家发展水产养殖业、捕捞业和商贸业，村委会也不断鼓励他们尝试做一些新的营生。在党和政府的帮助下，江成财干过一段时间滩涂养殖，养过海参，在还清贷款的同时攒了一点钱，日子渐渐好起来。2004 年，江成财和十几户村民一起贷款，买了一台桩机，带着大家从周边的工地干起。连家船民不怕苦不怕累，逐渐做出一些名堂，后来便以每年增加一台桩机的速度发展壮大起来，到如今，建筑业也成为下岐村的支柱产业之一。

江成财回忆过往，深情地说道：“是党和政府让我能够过上新生活，这份恩情我永远不会忘。作为一名党员志愿者，现在我有空就到村委会来，尽我所能去帮助那些需要帮助的村民，把下岐村的故事讲给更多人。”

作为“闽东连家船民上岸第一村”，下岐村连家船民的幸福变迁及其摆脱贫困的历史经验，吸引了 30 多个国家的元首、驻华大使、主流媒体记者、外国友人等前来参观考察。海还是那片海，但连家船民现在的生活却早已改变。如今，连家船民不仅上了岸、有了房，生活保障也更加全面，下岐村实现了“住有所居、学有所教、病有所医、劳有所业”的发展目标。

回顾下岐村的发展历程，历任下岐村党支部都把带领群众脱贫致富作为首要任务。下岐村“两委”始终冲锋在前，以时不我待、只争朝夕的精神投入工作，让基层组织焕发出强大的战斗力，实现了“班子强起来、村子富起来”的发展愿景。在村“两委”工作20多年的老党员汤春明、致富不忘带领乡亲们走出去的党员志愿者江成财、放弃福州工作回乡打拼的村支书郑月娥……这里的村干部和党员带领群众一任接着一任干。“从无到有、脚踏实地、奋勇拼搏、共同致富”，这16个字，是下岐村多年奋斗小康路的总结，贯穿着闽东人民“弱鸟先飞”“滴水穿石”的精神内涵。2022年，下岐村人均年收入达到了30360元。

五、国家级“最美渔村”福安市溪邳村

（一）明星示范渔村

溪邳村地处宁德市福安市东南沿海之滨的盐田港畔，依山面海，是规划中的溪尾镇区综合中心所在地，与沈海高速福安（溪尾）服务区相邻，距温福铁路福安站8公里，水陆交通便捷，是连家船民上岸定居的纯渔业行政村，并列入实施“环三区域发展战略”和建设溪尾镇生态型滨海城镇的重要区域。溪邳村全村8个自然村、15个生产小组，共632户2595人，拥有海域面积5000亩、滩涂面积2000亩、村级集体池塘400亩，海上运输船8艘，运输吨位达1.5万多吨，村经济主要以水产养殖、海产品销售和海上运输为主，带动其他经济协调发展。

溪邳村被誉为国家级“最美渔村”，分别被福建省、宁德市、福安市评为先进基层党组织、明星村、文明村。2009年荣获第四批创建全国文明村镇工作先进村镇，2011年被中华全国妇女联合

会授予全国妇联基层组织建设示范村。2019 年 12 月 31 日，溪邳村被中央农村工作领导小组办公室、农业农村部、中央宣传部、民政部、司法部认定为全国乡村治理示范村。2021 年 3 月，溪邳村被司法部、民政部命名为第八批“全国民主法治示范村（社区）”。2021 年 11 月，溪邳村被福建省爱卫办命名为福建省卫生村。

（二）持续的上岸过程

1. 第一阶段：填滩造地（1956—1961 年）

溪邳村是新中国成立后设立的一个由分散在溪尾澳、下邳澳、沙湾澳、外澳等几个澳湾的连家船民组成的村级组织。1956 年，福安县政府为了加强海防，解决溪邳渔民组织办公场所和部分无船群众居住问题，拨款 3000 元，在林江村外澳自然村的支持下，连家船民获得上岸后的第一块土地。该地块位于外澳自然村前的一片滩涂地上。通过填滩造地，建起了溪邳村历史上第一栋房子。该房子为土木结构，二层共 16 间房屋，面积 400 多平方米。当时楼下用于初小教室及 5 户连家船民居住，楼上作为溪邳村、高级社、海防工作队、民兵队部等办公室及教师宿舍。1956 年，溪邳第一批上岸定居的连家船民有刘金弟、刘成宝、陈金城、连增栓、林财茂、林吓灼等人，从此溪邳人开启了漫长的上岸历程。

1959 年，溪邳人利用 1956 年建房剩余木料等，建成一座二层房屋作为溪邳村的办公场所和新中国成立十周年庆祝活动场所。1961 年，溪邳村以 976.2 元向林江村购地 6.12 亩，由县里资助部分资金建成两座砖木房屋，用于安置养殖专业队 17 户连家船民上岸居住。

2. 第二阶段：零星靠岸（1961—1980 年）

这一时期，溪邳的船只先后零星靠岸，连家船民利用林江村外澳自然村村民让出的一片滩涂地，填滩造地，建成了一批石头房。在定居了146户612人之后，这里被命名为“溪邳村”，但连家船民上岸的整体进程依然十分缓慢。溪邳村虽然是福安市连家船民最早定居的村落，但是直至20世纪80年代末，仍然有500余户连家船民居住在连家船上。

3. 第三阶段：整体定居（20世纪90年代末—2013年）

为了摆脱贫困，让连家船民上岸，真正过上好日子，习近平同志多次登上连家船，钻入低矮破漏的船内，揭开锅盖看吃食，摸摸床铺探冷暖，拉开了连家船民整体搬迁上岸的序幕。在此阶段，建成溪邳造福新村和5个连家船民安置点，新建房屋635幢，总建筑面积达6.65万平方米，2008年至2013年，剩余137户661人全部上岸定居，人均住房面积约25平方米。

在党和政府的关心下，溪邳人自1999年启动了“造福工程”，建房1028间，解决了349户1425名连家船民的住房问题。1999年至2013年，溪邳人在村前的滩涂上栉风沐雨，填海造地60多亩。政府负责路、电、水、通信、广播电视信号等“五通”工程，同时对上岸建房的连家船民实行资金补助。当年任村支书的刘向禄立下愚公志，带领全村党员发动群众投工投劳，抛沙填滩造地，启动了连家船民上岸定居工程。短短几年，相继建成溪邳“造福新村”、鲜艳澳、虎头鼻、斗门头、塘头等连家船民安置点，新建房屋100多座，总建筑面积达6.65万平方米。连家船民乔迁新居，上岸定居的鞭炮声一年比一年响得热烈。

2013年，得益于福安市实施安居工程，溪邳村最后一批137户661名连家船民上岸定居，人均住房面积约25平方米。至此，溪邳村全村632户2595名连家船民全部告别了“一艘破船挂破网、三代祖孙同一舱”的艰辛岁月，彻底结束了漂流生涯。与其他地方的乡村相比，溪邳村没有名胜古迹，没有名人故居，也没有风光绮丽的美景，但是走进溪邳，“美丽”二字依然处处可见。孩子们在整齐划一的新建民房中奔跑嬉戏的笑靥、渔民海上作业的忙碌身影、夕阳西下那面朝大海的成排渔船……凡此种种，都能拨动每个人心中那根诗意的心弦。溪邳村村委楼前的一副对联最能表达此时溪邳人心情：“忆昔日居住连家船满江漂泊；想今朝上岸住新房倍感党恩。”

（三）支部引领彰显特色

溪邳村连家船民的上岸特色，充分体现在党支部及党员的战斗堡垒作用和先锋模范作用。特别值得一提的是溪邳村党支部原书记刘向禄，他被村民称为“渔村领头雁”。过去溪邳村村民的生活十分困苦，当地流传着这样一首歌谣：房子无人高，锅中无米烧；衣裳破烂挂，日子真难熬。

面对这番情景，刘向禄没有退缩，1960 年当上村支书时，就暗暗下了决心：一定要改变这种贫穷的局面。他深知村民光靠讨小海过日子，是永远解决不了温饱的。于是，他发动村民上山种粮，实行山海结合，念好山海经。他卷起裤管，亲自带领村民开发青田澳、瓦楼湾两处荒滩荒山。经过 4 个春秋的风餐露宿，他们围垦海滩 420 亩，开出荒山 150 亩，造林 500 亩，种果树 200 亩，温饱问题得到初步解决。

为了让村民的生活过得红火，刘向禄决定在巩固农业的基础上，大力发展海洋捕捞业。为了筹集资金，刘向禄四处奔波、废寝忘食，终于在 1968 年修造了 4 艘 400 吨位的机帆船，添置了尼龙网具，开展海上捕捞业，创出高效益，使村民的生活品质得到进一步提升。后来，水产资源衰退，海洋捕捞前景不佳，他果断组织全村群众转轨发展养殖业、船舶修造业和海上运输业。每年养殖对虾 400 亩、紫菜 800 多亩、牡蛎 400 余亩，修造船舶 10 余艘，加上 1000 多吨位的运输船只，村产值逐年递增。

刘向禄发挥党员先锋模范作用，身体力行，促进溪邳村经济持续发展。在刘向禄的带领下，溪邳村至 1993 年村总产值突破

1000万元大关，人均纯收入达1200元，村里实现水、电、路、校舍等公共设施全部完善，高楼大厦拔地而起，4个渔民新村点缀在辖区内15公里的海岸线上。因此，溪邳村多次受到上级党委、政府的表彰，1992年就被授予“省级明星村”。在溪邳村孩子们的心中，村中最神圣的殿堂就是村委楼，因为“省级明星村”的锦旗就挂在村委楼的会议室里。在孩子们的心中，最受敬仰的老爷爷，就是老支书刘向禄，连选连任了20多年的村党支部书记，连选连任了7届福安市人大代表。他不享清福，带领全村8个自然村的党员和群众，在建设新农村的道路上栉风沐雨。他领导的村党组织被中共福建省委授予“全省先进基层党组织”，他被村民们尊称为“好舵手”。

六、连家船民上岸工作经验的推广

把连家船民搬上岸，是习近平同志在福建工作时提出来的。在他的大力推动下，“连家船民上岸定居”工程成效显著。不管是在宁德期间，还是到福州、到省里工作，习近平同志对弱势群体的生产生活始终非常关心，大力促成了与他们有关的“造福工程”的实施。党的十八大以后，习近平同志心怀贫困群众生活，开始推动全国的连家船民上岸工作。

2013年6月20日，住房和城乡建设部、国家发展改革委、农业部、国土资源部四部委联合发布《关于实施以船为家渔民上岸安居工程的指导意见》，帮助以船为家渔民解决最基本的安全住房，实施以船为家渔民上岸安居工程。

（一）主要目标、基本原则和时间安排

1. 主要目标

要求以解决以船为家渔民最基本的安全住房为目标，组织和

动员各方面力量，整合相关项目和资源，加大资金投入，稳步推进以船为家渔民上岸安居，切实改善以船为家渔民住房条件。

2. 基本原则

坚持就地就近原则，支持渔民在长期作业地附近上岸安居；坚持因地制宜，量力而行，科学编制以船为家渔民上岸安居规划；坚持突出重点，厉行节约，帮助渔户解决最基本的安全住房，防止大拆大建和形象工程；坚持渔民自愿，政府引导扶持，落实地方责任，中央适当补助；坚持公开、公平、公正，规范程序，严格管理。

3. 时间安排

力争用3年时间实现以船为家渔民上岸安居，改善以船为家渔民居住条件，推进水域生态环境保护。

（二）因地制宜实施渔民上岸定居

1. 多渠道支持渔民上岸安居

在尊重渔民意愿和方便渔民生产生活的前提下，充分利用现行有关城乡住房保障政策，统筹协调，多渠道支持以船为家渔民上岸安居。对于无法纳入现行有关城乡住房保障政策支持范围的，通过实施以船为家渔民上岸安居工程解决。要将以船为家渔民上岸安居工程纳入全国保障性安居工程范围，以家庭为单位进行管理，同等享受相应的土地、税收、贷款等优惠政策，鼓励地方和渔民加快实施进度。

2. 合理选择上岸安置方式

根据渔民户籍、居住现状、经济条件、地理位置等情况，尊重渔民意愿和方便生产生活，合理选择新建、翻建、扩建、修缮加固、补助购房等多种安置方式。原则上，无房户以新建和补助购房为主，危房户按危险等级以翻建和修缮加固为主，临时房户以翻建为主，既有房屋不属于危房但住房面积狭小户以扩建为主。

新建房安置要根据实际情况，采取小规模集中安置与分散安置相结合的办法，宜聚则聚、宜散则散，尽可能将渔民安置到长期作业地邻近的城镇村。新建、翻建、扩建和修缮加固房屋，原则上以渔户自建为主，渔户自建确有困难且有统建意愿的，地方政府要发挥组织、协调作用，帮助渔户选择有资质的施工队伍。

（三）资金筹集和补助标准

1. 资金筹集

以船为家渔民上岸安居工程资金以渔户自筹为主，中央和地方政府适当补助，并通过银行信贷和社会捐助等渠道筹集。地方各级政府要加大资金投入，将以船为家渔民上岸安居工程地方补助资金及项目管理等工作经费纳入年度预算。要通过制定贴息、担保等政策措施，引导金融机构为渔户上岸安居提供贷款。鼓励社会力量通过捐赠和资助等形式支持以船为家渔民上岸安居。

2. 补助标准

中央对以船为家渔民上岸安居给予补助，无房户、D级危房户和临时房户户均补助2万元，C级危房户和既有房屋不属于危房但住房面积狭小户户均补助7500元。地方各级政府要安排和落实相应的财政性补助资金，省级人民政府配套补助资金不低于中央补助资金的50％，市县级财政也要给予适当补助，减免工程建设相关规费，并根据安置方式、成本需求和补助对象自筹资金能力等不同情况，制定不同地区、不同类型的分类补助标准。

（四）补助对象与建设标准

1. 补助对象

以船为家渔民上岸安居工程的补助对象按长期作业地确定，2010年12月31日前登记在册的渔户至少满足以下条件之一的可列为补助对象：一是长期以渔船（含居住船或兼用船）为居所；二是无自有住房或居住危房、临时房、住房面积狭小（人均面积低于13平方米），且无法纳入现有城镇住房保障和农村危房改造范围。

2. 严格补助对象审核

坚持公开、公平、公正原则，规范补助对象及补助标准的审核审批，实行渔户申请、镇（乡、街道）审核、县级审批的程序。县级住房和城乡建设部门具体负责渔户住房情况审核及危房鉴定工作，渔业主管部门负责渔民身份认定、渔船情况和渔民登记情况审核。县级政府要组织做好与经批准的以船为家渔民签订上岸安居合同或协议工作，明确双方责权利，并征得渔户同意公开其有关信息。

3. 建设标准

以船为家渔民上岸安居工程建设要以满足渔户最基本的居住需求为目标，坚持节约实用和量力而行的原则，从严控制建筑面积及总造价。国家补助的基本户型建筑面积为60平方米，各地在户型设计上可根据渔民意愿、经济实力和当地实际情况适当调整。新建翻建住房设计要符合渔民生产生活习惯，体现地方特色。

（五）规范项目管理

1. 项目申报程序

省级住房和城乡建设部门要会同同级渔业、国土资源、财政等部门按照有关文件要求，组织编制以船为家渔民上岸安居工程实施方案，并按照政府投资项目审批程序报省级发展改革部门审批后报国家发展改革委、住房城乡建设部、农业部、财政部、国土资源部备案。

2. 技术指导与服务

地方住房和城乡建设部门要组织编制安全、经济、适用的住房设计图集和施工方案，免费发放给渔户参考。要组织协调主要建筑材料的生产、采购与运输，并免费为渔民提供建筑材料质量检测服务。县级住房和城乡建设部门要组织专业技术人员深入现场，开展以船为家渔户住房鉴定和质量安全巡查与指导监督。要根据实际情况组织验收。安置户比较集中并具备一定条件的地方，可实施城乡规划、安居工程、基础设施配套等一体化推进。

3. 资金管理

以船为家渔民上岸安居工程资金要专款专用，分账核算，并按有关资金管理制度的规定严格使用，健全内控制度，执行规定标准，严禁截留、挤占和挪用。

4. 档案管理

以船为家渔民上岸安居工程要一户一档，批准一户、建档一户，规范管理。

5. 监督检查

年度计划完成后，省级住房和城乡建设部门要及时牵头组织对工程实施情况进行检查，并在一个月内提交检查报告报住房和城乡建设部、国家发展改革委、农业部、国土资源部备案。

（六）后续管理和组织领导

1. 后续管理

渔民上岸安居后，由县级人民政府负责统一组织拆解原居住船和已退出捕捞的生产用船，规范生产用船停泊管理，切实解决停泊点脏乱差问题，加强水域生态保护。地方政府要统筹推进渔民户籍、就业、教育、医保、低保、养老以及生活困难补助等社会保障落实。上岸安居渔民按属地管理原则就近纳入街道、社区或乡（镇）、村社会管理，享受当地村（居）民待遇并按规定纳入社会保障范围。对继续从事渔业捕捞的渔民，尊重其意愿，渔业部门要加强指导与服务。对有转产转业意愿的渔民，要加强就业技能培训与职业指导，提高就业技能，引导渔民从事其他行业，确保长远生计有保障。

2. 组织领导

以船为家渔民上岸安居工程实行地方政府负责制。项目实行计划、任务、资金、目标、责任“五到省”，即项目工程建设计划下达到省、任务落实到省、资金拨付到省、目标和责任明确到省。地方住房和城乡建设部门牵头负责渔民上岸安居工程的组织实施和综合协调，将该工程纳入保障性安居工程建设规划，负责补助对象住房情况审核和危房鉴定，工程建设指导与质量监管等。地方发展改革部门负责审批项目实施方案，督促履行项目审批或核准程序，申报和分解下达项目投资计划，加强项目监督检查。地方财政部门负责统筹安排和落实地方财政性资金，督促财政性资金拨付进度和规范使用。地方渔业主管部门负责补助对象的渔民身份、渔船情况和登记情况审核，做好渔民上岸安居组织与管理，渔业产业发展及渔民转产转业培训指导与扶持等工作，受政府委托组织拆解居住船和已退出捕捞的渔船。地方国土资源部门负责安排渔民上岸安居工程建设用地等。各地住房和城乡建设、发展改革、渔业和国土资源部门，要在当地政府领导下，会同人力资源社会保障、民政、民族工作、环保、交通运输、水利、农业、卫生、扶贫、残联等有关部门发挥职能作用，共同推进以船为家渔民上岸安居工作。渔民上岸安居工程要主动接受各级纪检、监察、审计等部门监督检查。

《关于实施以船为家渔民上岸安居工程的指导意见》下发后，各地对照要求，因地制宜提出实施方案，使得各地连家船民的上岸定居在全国得以实现。

第三章

持续改善福建连家船民岸上生活

连家船民上岸定居后是否真正融入现代城乡生活，是习近平同志特别关心的事情。习近平同志在宁德、福州工作期间，就为推动连家船民上岸做了很多工作；到省里工作以后，对这项工作仍然常抓不懈，不断关注进度和成效。因此，连家船民上岸了，并不意味着工作的结束，如何“让所有的连家船民都能跟上全省脱贫致富奔小康的步伐，实实在在地过上幸福生活”成为一届又一届党和政府为老百姓做实事、做好事的政治要求。党的十八大以来，以习近平同志为核心的党中央加强了顶层设计，各级政府也把连家船民上岸走向新生活纳入全民奔小康的战略布局中，在居住、教育、就业、医保、养老、村财等方面陆续出台系列政策，认真贯彻落实“精准扶贫”思想，分类指导、精准帮扶[①]，不仅让他们搬上来、住下来，还让他们富起来，真正过上安居乐业的好日子。

一、建设新社区圆安居梦

党的十九大报告提出的“让全体人民住有所居”，对连家船民

① 叶兴建：《精准扶贫的“宁德模式”》，厦门大学出版社，2018 年，第 35—37 页。

来说更有切身的感受：从原来的居无定所，到搬上岸居住，再到住进通了水电，有电话、宽带、电视的崭新楼房，以及生活配套齐全的社区。连家船民“住有所居，居有所安”梦想的实现，得益于党中央的好政策和各级政府的大力推动。

（一）定居点更宜居美丽

宁德市率先在全省实施让全部连家船民上岸生活的“造福工程”，经过多年努力，有效改善了连家船民的生存状况。针对部分连家船民返回渔船、外地连家船民向宁德沿海迁移等状况，宁德市委、市政府出台政策，2012 年至 2014 年共帮助 1500 多户 5000 多人全部上岸定居。“2013 年以后，我们对上岸连家船民所建的安置房，用地标准再提高，按一户一宅 60 平方米，不仅无偿提供农村集体建设用地，连家船民还能享受到人均 3000 元补助。此外，福安市财政给予每户 1 万元建房资金补助，还免征了各种规费。”时任宁德市政府党组成员、副市长，福安市委书记叶其发说。好政策坚定了连家船民上岸的信心。福安市两轮搬迁连家船民 1889 户 8810 人，新建、续建船民新村（集中安置点）25 个，集中安置 1629 户 7407 人。其中，100 户以上的新村 3 个，集中安置 555 户 2528 人；50 户以上的新村 10 个，集中安置 665 户 3010 人；30 户以上的安置点 8 个，集中安置 301 户 1356 人；30 户以下的安置点 4 个，集中安置 111 户 513 人。至 2014 年，宁德所有连家船民全部上岸，搬入新居，从此结束了长期漂泊海上、居无定所的历史。

下岐村是福安市连家船民安居工程新村示范点，有“闽东连家船民上岸第一村”之称。在第一轮建新居工程建设的基础上，2013 年，下岐村针对部分人口多、居住空间较局促的连家船民，重新安置 120 户 642 人。与此同时，下岐村也开始谋划村庄发展，他们邀请专业团队到村里开展乡村规划设计，探索村庄未来发展定位和人居环境建设，将原来的垃圾场改建成清新的渔民广场，布置上渔民们废弃的轮胎、旧船等元素，展现浓郁的渔村风情，让村庄建设更美丽、更宜居。

牢记习近平总书记的嘱托，践行为民办实事的初心，真正让连家船民生活更有出路，基层干部成为带领连家船民改善生活的领路者。2012 年，连家船民后代郑月娥担任下岐村党支部书记（2021 年当选为下白石镇副镇长）。作为村干部，她感念党恩，不忘来路，带领连家船民，始终牢记嘱托，共同谱写“闽东连家船民上岸第一村”的佳话。她说：“20 世纪 90 年代连家船民上岸时，因为不习惯岸上生活，一段时间后，一小部分船民又重新回到了渔船上重操旧业。”“习近平同志当年就基于翔实调研和深入思考，对‘连家船民上岸定居’工程提出了更高要求——连家船民搬迁，不能把房屋盖起就算完事，更要让他们有生活、有出路，能挣着钱，不能人上了岸，心还留在船上。”为了使各项惠民政策惠及所有村民，郑月娥带领村干部走访入户，动之以情、晓之以理，将政策宣传到位、困难解决到位、矛盾化解到位，消除连家船民对上岸后生产生活的顾虑。在她和村干部的共同努力下，如今的下岐村，一眼望去，一排排粉刷一新的楼房依山傍水，笔直干净的巷道从村头通到村尾，渔民广场、白马公园更是把村庄装扮得分外美丽。

同样的，地处福安沿海盐田港畔的溪邳村，也是福安市连家船民聚集的纯渔业行政村之一。党的十八大以来，福安市政府为了解决连家船民“上岸难”的问题，根据福建省委、省政府相关文件精神，采取了一系列有力措施，如政府免费提供土地，负责路、电、水、通信、广播电视信号等“五通”工作，同时对上岸建房连家船民实行资金补助，解决了 349 户 1425 人的上岸定居问题。2013 年，最后 137 户连家船民全部上岸定居，溪邳村村民从此彻底告别“以船为家，终日漂泊”的生活。溪尾镇政府通过挖掘特有的连家船民历史文化，于 2015 年组织编制了《溪邳村美丽乡村规划》。根据该乡村规划，村委会争取上级资金扩建村史馆，将其与连家船民上岸定居点、连家船民历史文化展示馆、海上莲花岛屿、白海豚观察站以及垂钓中心“串珠成线”，打造渔村特色旅游观光路线，渔旅结合成为村民增收新引擎。2019 年，溪邳村开始实施人居环境整治，完成了屋顶平改坡、村道“白改黑”、渔排换塑料等改造提升，使村容村貌显现出新时代风貌。2020 年，村里又完成了外立面改造 1.1 万平方米，村庄变得更加漂亮了，居住环境得到有效提升。

而甘棠镇船民幸福小区则是按照城镇居民生活配套要求设计的造福安置点，它位于距甘棠镇区只有几百米的外塘村，总投资 2600 万元，2012 年 9 月开始动工，2014 年完工。幸福小区安置 67 户连家船民，每套房均通水通电，粉刷墙壁、装修卫生间等，连家船民只需按自己意愿铺设地板、装修厨房、配置家具后即可入住。每户连家船民享受中央和省财政 3 万元补助，福建省脱贫办每人 3000 元补助，以及福安市财政每户 1 万元补助。小区公共配套设施完善，周围有中小学等教育资源，不远处还有电机电器工贸园区和船舶拆解基地，解决了儿童上学、老人看病、成人就业的问题。

（二）居住环境焕然一新

霞浦县沿海岸线曲折、港湾众多，饵料丰富、鱼类繁多，过去是连家船民聚集之地。在政府实施“连家船民上岸定居”工程后，当地政府选择了地理条件相对较好的盐田乡水升村、北斗村、南塘澳村、浒屿澳村、沙江镇坡头村作为连家船民上岸集中安置地。上岸后，在党和政府的帮助下，连家船民都住进钢筋水泥建造的房子里，宽敞明亮，水电设施齐全，村里还修建了供村民娱乐、健身的小公园。与村民聊起生活的变化，他们无不感慨万千：“这是我们连家船民千年来的巨变，心中不忘的是党恩。”在村中，随处可见村民家门上贴有诸如“造福一方新天地；福到农家感党恩”“华厦落成托党福；乔迁新居谢政恩”等感谢党恩、歌颂政府的对联。

盐田乡水升村是霞浦县连家船渔民聚居村的代表。2013 年 7 月，该村造福小区重建项目正式启动。随后，103 户连家船民全部搬入了新居。漫步村中，一排整齐划一的房子，3.5 层，高约 13 米；房子前是约 8 米宽的道路，路侧还设置了绿化带；较宽敞的地方辟为村民公园，建有健身设施，看起来颇有些“城市感”。

盐田乡北斗村则是霞浦县最大的连家船民集中安置地，有里岐后、外岐后、思源新村、东风塘、渔溪新村、何山鼻、北斗澳、新塘边 8 个自然村。行政村距离沈海高速公路盐田互通仅 2 公里，交通十分方便。其中，东风塘自然村是习近平同志 1998 年 4 月调研连家船民上岸之地。海岸边，村民立有一块“登船调研处”的石头，尽管没有详细的文字说明，但村民们都铭记于心，习近平同志当时登船调研连家船民生活的场景不断地被当地人传颂。据村干部介绍，当初这个地方还是一片滩涂地，霞浦县政府尊重连家船民的意愿，采用就近填海造地的模式，填了一个面积数百亩的“陆地”，并出资为连家船民建起一个集中安置点。随后政府投资，连家船民适当出资，盖起了一批安置房，首批船民搬进了他们梦寐以求的“陆上房”。后又几经改造提升，村中道路宽敞整洁了，道路两侧房子的外立面也焕然一新。

在东风塘自然村的连家船民安置区，习近平同志登船调研连家船民生活的亲历者杨永雄，自从上岸定居后就住上了占地 80 平方米的砖瓦房，同时村里还分给他 3 亩左右的滩涂，一家人开启了养殖海蛏增收的日子，生活较为富足。随着年龄的增长，他已不再下海从事养殖，但偶尔通过帮助其他村民整理海水养殖用绳、修养殖篓等形式增收。他的儿子在附近电器公司上班，两个孙女陆续出生后，他正享受着天伦之乐！

（三）连家船民居住进了新社区

棚户区改造，福州市各届政府都把它列为为民办实事的重点项目之一。20世纪末建设的连家船民聚居区随着岁月的流逝，无论是建筑结构，还是社区配套设施都日渐落伍，进而派生出各种各样的社会问题。改造提升与社区治理相结合，让连家船民聚居区居民更有幸福感、获得感，成为福州市的重要工作之一。

位于福州市台江区的苍霞，曾经居住着沿江一带的连家船民。进入20世纪50年代，在当地政府的帮助下，生活在闽江下游的一些连家船民逐步上岸定居安置于此。这里成为福州规模最大、安置民众最多的棚屋区。但当时盖的多是木结构建筑，由于年久失修，逐渐朽坏、倾斜，而且潜藏火灾隐患，成为“纸褙福州城”的缩影。2000年7月2日，时任福建省委副书记习近平同志在调研苍霞棚屋区改造工作时说，“请给群众捎个话，政府会把好事做好”。后来福州市仅用了400天时间，便完成了棚屋区的改造，使3300多户居民从征迁到回迁，从破旧狭窄的木板房搬进60多平方米的新房。然而，随着时间的推移，作为福州市首批改造安置房社区的苍霞新城越来越无法满足居民的现实需求，基础设施老化、服务配套不足等问题凸显。2021年，台江区政府对苍霞新城启动了新一轮全方位改造提升。一期示范项目包括嘉惠苑、嘉和苑、嘉兴苑、嘉华苑、嘉盛苑五大片区，面积26万平方米，共42栋楼改造提升。一期改造项目为苍霞新城增添了长者食堂、幸福便民驿站超市、小区梦想家园、党建文化中心等一系列配套设施，让小区环境更加宜居安居。2022年4月，台江区政府又再次启动二期项目改造，重点是立面提升、雨污水管道改造、智慧停车场改造、智能运维中心建设、休闲绿化广场增添，部分建筑还加装了电梯。与此同时，小区安防通行系统在识别到社会重点关注人员时会第一时间进行预警，筑牢了社区安全防控网。一系列改造提升举措，让连家船民退休后能在优良的环境中更好地享受生活。这之后，政府还进一步把苍霞新城改造与周边的上下杭历史文化街区相结合，把党建文化与老人的健康生活相结合，让居民更加宜居、安居与乐居。苍霞作为台江连家船民最先上岸之地，居民从“忧居”到“安居”再到“宜居”，幸福感、获得感越来越强。而苍霞新城不断创新，开拓新模式，也成为老旧小区改造的样板、街区社区融合的标杆以及社会治理创新的示范，走出了一条社区新生之路。

（四）渔村发展建设更有品质

党的十八大后，美丽乡村建设成为各级政府提升新农村建设的升级策略。福州市政府以“提升农民幸福指数”为导向，在全市范围内农村推动实施“幸福家园工程”全覆盖①。建设配套齐全、有品质的新社区成为新一轮渔村改造提升的重要目标与任务。

罗源县鉴江镇海上村是罗源县连家船民上岸的定居点之一。过去，连家船民世代以捕鱼、滩涂拾贝为生，一家人挤在一条船上生活。直至1960年，县政府划拨了鉴江镇南门城外的土地为连家船民兴建住所，他们才结束了漂泊的生活。2020年，鉴江镇对海上村生活旧区进行修缮改造，极大地改善了村民们的居住生活条件。如今连家船民那份“上无片瓦，下无寸土”的苦涩记忆已然成为历史。海上村连家船民自上岸以来，党和政府先后5次（1958年、1962年、1965年、2003年和2017年）为他们建房，一次比一次好。特别是2017年，政府把海上村列为“幸福家园工程”建设试点村，建起一栋6层、每户90平方米的安置房新居，同时配套较完善的基础设施和公共服务设施。走进依山傍海的海上村，

---

① 2015年，福州市政府部署实施《福州市新农村“幸福家园工程”建设（2015—2020年）行动计划》（榕委办发〔2015〕12号），明确到2020年全市所有行政村“幸福家园工程”建设全覆盖。

只见房屋鳞次栉比，村容干净整洁，每家每户门口还摆放着绿植花卉，随处可见村民们在自家门前织渔网、撬海蛎。一些村民家里装修一新，地面铺了干净的瓷砖，房内安装了热水器、抽油烟机等家用电器，村民们的生活越来越好。

连江县东岱镇东水村是一个美丽、和谐、兴旺的渔村。自1998年连家船民全部上岸后，2012年东水村开始启动安居工程的改造提升工作，将原先的荒地及全村最肮脏的地方变成村民休闲的好去处及全村最美的地方。在“幸福家园工程”的推动下，东水村又请专业单位编制了《东水村幸福家园工程建设规划》，按照规划设计，村里建立了疍民文化公园和乡愁记忆馆。2022年，东水村启动了疍民文化公园二期提升工程、疍民村史馆建设，建设了渔港码头，解决了渔获上岸难问题。如今这里村道整洁、楼房林立，东水小学、文化活动中心、疍民文化公园、诊所等配套齐全。

“脱贫路上，一个也不能落下”是党对人民的政治承诺。对于这样一个曾经“上无片瓦，下无寸土”群体来说，他们不但结束了飘摇的船上生活，能安稳地居住下来，而且住得舒心，真正感受到“快乐日子天天有，幸福生活迎面来”。

二、多元就业铺就致富路

就业是最大的民生工程，也是连家船民上岸定居要解决的首要难题。党中央和各级政府始终坚持安居和乐业并重，出台了技术培训、择业指导和就业服务等一系列措施，拓宽了上岸定居连家船民的增收途径，提高了他们的自我发展能力。兴产业、稳就业、富家业，连家船民正在奔向幸福的生活！

（一）辅导连家船民从业转型

为了帮助连家船民实现“岸上富”，福安市政府专门制定22条优惠政策，增强连家船民转产转业意识，努力提升连家船民的自身综合素质，引导连家船民大力发展养殖业、海上捕捞业、海上运输业、商贸旅游业等，推动连家船民建立新型水产养殖基地，创新闽东水产品品牌，将现代船业与旅游观光、民俗教育、特色餐饮等有机结合起来，从而拓展连家船民的就业空间。[①] 许多连家船民刚上岸时除了打渔，并无其他生产技能，过着不稳定的生活；如今，在党和政府的帮助下，村民改变了过去单一的捕捞作业，立足海湾实际，大力发展水产养殖、海洋捕捞、商贸服务、建筑等多种产业，真正实现谋生有业、致富有道。

下白石镇下岐村村委会一直将谋民生、稳就业、促发展作为第一要务，时任村党支部书记郑月娥因势利导，组织村民在北斗都村、本斗坑村、籁尾村，利用2000多亩的海域发展“名、特、优”新品种鱼类网箱养殖，鼓励村民进行远海捕捞，并对接工商、税务部门，为连家船民经营海产批发、销售等提供优惠政策。以特色养殖赋能“生产美”，激发乡村“原动力”；立足渔村资源优势，通过对接上级政府支持渔排升级改造各项政策，引导从事传统网箱养殖的村民到下白石镇西南部的鲈门港区的限养区海域范围内发展塑胶抗风浪渔排，发展“名、优、特”品种鱼类养殖。现在村里已经形成了以弹涂鱼养殖、大黄鱼网箱养殖、远海捕捞、海鲜批发、水产销售为主的特色产业链。村党支部鼓励年轻党员、大学生创业，涌现了如弹涂鱼养殖能手江成寿、创业能人江新清等一批带富、致富能人。同时，村里举办“渔民夜校”，开设养殖、电焊、烹饪等专业技能课，帮助村民增强职业技能，激发村民内生动力，促进养殖业的生态转型。得益于稳定的就业岗位和扎实的专业技能，村民收入稳步增加。据统计，2018年、2020年、

① 方鼎韩等：《下岐村乡村振兴战略推进现状及建议——基于闽东红色海上交通线白马港段的调研》，《现代商贸工业》2021年第35期。

2021年和2022年，村民人均纯收入分别达到20740元、22503元、27600元和30360元。

盐田乡的北斗村是霞浦县连家船民安置最集中的地方，拥有海岸线10公里、浅海滩涂面积4800多亩，沿海生态林地288亩，陆上无耕地。以往连家船民的主要经济来源是养殖花蛤、海蛏、竹海蛎（又叫黄海蛎）以及近海捕捞。上岸后，如何让连家船民有更多的增收致富门路，并安心地住下来呢？霞浦县委、县政府把帮扶渔村产业发展与全县推进精准扶贫打赢脱贫攻坚政策相统一，出台相关文件，从扶持渔民创业、小额贴息信用贷款、特别困难户政府兜底等方面入手，千方百计提高村民收入。此外，政府立足当地实际情况，大力鼓励支持村民发展特色产业增加收入，强化生产技能培训，引导扶持村民主动创业就业，切实改变过去增收途径单一的问题，推动多元化增收致富。政府将适合养殖竹海蛎的浅海滩涂划分到各村民小组（户），大力推动北斗村独特的竹海蛎产业发展，并销往宁德、福安等周边市、县。仅此一项，每户年收入增加3万～5万元。同时积极引导村民发展海蛏、紫菜、海参、大黄鱼等养殖产业。政府还推动村民转移就业，北斗村第一代上岸的连家船民仍从事与海有关的产业，如捕捞、养殖；到了第二代、第三代，从业形式就多样化了，在霞浦、福安、宁德从事小海鲜生意的人员多达300人，转型从事泥工的人员达100人，在盐田工业园区企业就近务工人员达200多人。村民人均收入从上岸前的900元提高到现在的1.5万元。

转产转业、壮大产业，让渔村的发展添了后劲，真正让上岸连家船民实现了安居乐业。在北斗村的东风塘自然村，据一位正在自家门前“结绳”的60多岁陈姓妇女介绍，她家是连家船民出身，世代以出海捕捞为生，自上岸以后，也学会养殖。她手里长约2米的尼龙绳，就是用来把一个个鲍鱼壳串起来，作为养殖鲍鱼的“温床”，一串约30个；到了养殖时期，在“温床”里放上鲍鱼种，再放入海水中；到了收获季节，就会有一串串的鲍鱼收获，好不喜人。她家上岸后，就是靠养殖鲍鱼，生活才越来越好。现在她家大儿子已不从事与海有关的工作，而是在宁德一家公司上班，在宁德买了属于自己的住房；小儿子在家协助父亲搞养殖；女儿嫁在霞浦城关，偶尔会回来看她。她自己年龄大了，已不能下海了，只能协助家里做点事，有时还可帮村里的养殖户“结绳”，多的时候，一天下来也能有百来元的收入。她家住的是一栋3层的房屋，占地约60平方米，外立面呈土黄色（村里统一粉刷的），内部也有一定的装修，十分宽敞。谈起上岸的感受，她说自己是北斗村连家船民上岸定居的亲历者，政府为他们“造”了地，帮助他们建了房子（自己只出少部分钱），尽管也出海捕鱼，但岸上有房子，就没有了后顾之忧。“前些年，村里的道路硬化了，房子立面也改造提升了，住在村里挺开心的，的的确确要感谢党和政府的关心，特别是当年那个来咱们村的‘大官’，没有他的推动，我们上岸可能没有那么快，也没有那么快融入岸上生活。后来在电视上看到了当年的那个‘大官’，才知道咱们数代连家船民要感谢的大恩人就是习近平总书记。咱们连家船民有今天的好生活，都要感谢他！”她感慨地说。

（二）做强渔村特色产业

乡村振兴，产业兴旺是核心。“幸福家园工程”建设“十个一”标准之一就是培育一个能带动乡村经济发展，促进农民增收、村财增收的主导产业。

罗源县鉴江镇海域营养丰富、温度适宜、水质清澈，特别适宜种植龙须菜。而该镇的连家船民聚居村——海上村所处海域种植的龙须菜品质尤其好。海上村村委会因地制宜，大力推进海洋牧场建设，引导村民从事龙须菜种植，兼顾鲍鱼、大黄鱼、海参养殖以及深海网箱养殖的特色养殖。龙须菜的生长速度很快，一般一个月就可以采收，一年可以收八九个月。“我们全村 100 多户 600 多人，大半都在搞种养殖，单是龙须菜的收入，就有 2000 多万元。”村支书兼主任江成芳介绍，“村里种植的龙须菜除了卖给当地的鲍鱼养殖户外，还销往宁德、莆田及山东等地，因为质量上乘，甚至成为那边的种苗。”①

龙须菜产业给村里的妇女和老人增加了收入。在龙须菜的夹苗工棚作业的五六十名工人，大多是妇女和老人。夹苗，就是把龙须菜苗夹进尼龙绳的缝隙里，便于龙须菜苗的栽培，也方便成品的收割。“我们每天凌晨三四点就来干活了，大家有个伴，还挺开心。如果觉得辛苦随时可以回家休息，按劳动量计算工钱。每根尼龙绳子 7 米长，操作完一根绳子可赚 1 块多，手脚麻利的，一天能赚 100 多元。”70 多岁的林大妈说。村子中正忙着编绳的村民也说：“这种绳具有防水、耐磨、耐腐蚀等特点，主要用于种养殖龙须菜、海带、鲍鱼等，自己编绳，可省些钱；闲暇时，也可帮别人编绳，一天下来能赚几十到百把元，家门口就可以赚到钱，也挺满足的。”

为规范沿海滩涂养殖业发展，增强海域的可持续生产能力，2015 年 6 月，福州市政府出台《福州市罗源湾海域水产养殖退出工作总体方案》，进一步规范了包括网箱、浅海、滩涂和垦区海水池塘等在内的水产养殖设施和水产品养殖区域，为科学化、规模化建设海上牧场奠定了基础。近年来，这个以海为生的海上村，因地制宜发展龙须菜、鲍鱼、大黄鱼等特色产业，迎来了富庶小康的新生活，2020 年人均收入达 3 万多元。同时，2020 年鉴江镇政府还对海上村的旧街区进行修缮，以全方位展示连家船民上岸 60 年来的变化为切入点，租用海上村民房进行装修改造，建设街

① 吴旭涛：《上岸迎来新生活　连家船民喜丰收》，《福建日报》2022 年 1 月 10 日。

区壁画、浮雕、村标、网红打卡点等旅游标志，打造集“吃、住、游、玩、乐、购”于一体和“产、城、人、文”有机融合的文化街区。

地处敖江入海口的连江县东岱镇东水村是一个纯渔民村。东水村以产鳗鱼而闻名，钓鳗鱼是东水村渔业最大的特色，有福州鳗钓第一村的美誉。东水村连家船民上岸后，并没有丢弃传统优势特色产业，而是在上级政府的关心和支持下，将其发扬光大，一方面发展远洋捕捞产业，另一方面做强鳗鱼鱼丸产业，双轮驱动，不断延伸鳗鱼鱼丸产业链，多渠道增加村民收入。今后的发展，东水村打算围绕“提升经济实力，搞活渔业生产”发展目标，制订中长期渔业发展规划。一是立足东水村的资源优势，实施科技兴渔战略，优化渔业结构，调整捕捞作业区域，千方百计地组织渔民拓展闽东北外海渔场，鼓励渔民转产生产，积极牵头办理捕捞许可证，着重发展延绳钓这一有利于渔业资源保护的作业方式。二是优化生产，积极扶持渔业。积极为广大渔民争取低息贷款，牵头协调船网工具指标合并，加快“木改钢”、小改大的步伐，新建大马力钢制渔船，进行机械化改造，增加渔船高科技设备，搭配船舶自动识别系统、北斗卫星导航系统，提升捕捞技术含量，有效促进渔业科学、高效、安全生产。同时，引导剩余劳动力转移，从事房地产、娱乐业，解决部分村民的就业问题，开辟新的致富增收渠道。

（三）积极打造渔乡品牌

福安市溪尾镇以加强党组织建设为切入点，建立健全渔排上的基层党组织，发挥党员先锋模范作用。2021 年 10 月，溪尾镇连家船民“海上社区”正式成立。该社区内有养殖户 325 户，养殖区面积 500 亩，涉及斗门头、虎头鼻、鲜艳澳、里澳等多个自然村。“海上社区”立足咸淡水交汇海域水质优势，大力发展海蛎、海带、紫菜、章鱼、大黄鱼、鲈鱼等“高、优、特”养殖业，同时引进和推广美洲黑石斑鱼育苗、沙蚕养殖等高效项目。仅 2022 年上半年，该社区海上养殖业产值达 3500 多万元。[①]

溪尾镇溪邳村是连家船民定点安置地，村委会以党建统领社区各项工作，注重将群众诉求服务、产品技术服务、科学养殖服务、海上警务服务等相结合，利用党和政府的好政策进行“五业并举”[②]（大力发展养殖业、扩大海上运输业、提升水产品加工业、引资创办新企业、富余劳动力就业），促进海上养殖业绿色发展，不断健全“海上社区”治理体系，提升服务水平。

溪邳村在整村脱贫后，又开始谋划传统养殖产业的转型升级，建成占地约 1200 平方米的藻类加工厂房与配套冷库，进行海产品的加工包装。[③] 在“领头雁”的带领下，通过成立溪邳渔业发展有限公司、创立溪邳海鲜品牌、统购统销群众生产的海鲜产品等，鼓励村民发展多样化“耕海”。2021 年，全村共有网箱养鱼 3890 口，挂养生蚝 2250 箱，吊养牡蛎 1550 亩，滩涂养殖 600 亩，海带种植 186 亩，龙须菜种植 1500 亩，池塘养殖 400 亩，有蛏、蛤蜊、蚶、紫菜、海带、大黄鱼、章鱼等水产品。[④] 同时利用线上线下平台，多渠道展销海蛎、虾干、蛏干、鳗鱼干等海鲜干货，打响“溪邳鲜”品牌，带动渔业增效、村民增收。据统计，2017 年村民人

---

① 张文奎：《福安溪尾：“海上社区”有温度　连家船民同致富》，《闽东日报》2022 年 9 月 20 日。

② 叶志坚、肖剑南：《中国共产党人初心使命的生动诠释——福建宁德脱贫致富的样板、经验与启示》，《宁德师范学院学报（哲学社会科学版）》2021 年第 2 期。

③ 张文奎：《宁德溪邳村：产业升级　幸福感升级》，《海峡通讯》2020 年第 4 期。

④ 叶志坚、肖剑南：《中国共产党人初心使命的生动诠释——福建宁德脱贫致富的样板、经验与启示》，《宁德师范学院学报（哲学社会科学版）》2021 年第 2 期。

均纯收入为18756元，如今村民人均纯收入达29395元。

“溪邳鲜”品牌的成功打响，不仅因为引入了新型水产品营销理念，也得益于海上养殖综合整治全面完成所带来的产业契机。如今的溪尾镇海域，塑料泡沫制成的浮球已全部升级改造成环保型抗风浪网箱、全塑胶网箱。海水变蓝了、滩涂变干净了，整个溪尾镇海产品的产量和质量也得到大幅提升。

值得一提的是，溪邳村村民刘明福带头研发的“瓶养章鱼”技术，即每个矿泉水瓶经过钻孔后，瓶内养一只章鱼，用滩涂上捕来的潮头蟹喂养。这种方式开创了人工养殖章鱼的先河，取得了丰厚的利润。如今，全村20多户村民人工养殖了章鱼，数量达20多万只。还有，刘德仁在村中从事内海捕捞与海蛎、海带、生蚝养殖，一年养殖纯收入达十几万元。

三、教育医疗养老惠民生

治贫先治愚，扶贫先扶智。教育是阻断贫困代际传递的治本之策。习近平同志早在宁德工作期间就指出：“教育发达——科技进步——经济振兴是一个相辅相成、循序递进的统一过程，其基础在于教育。”“我们办教育，要舍得花时间，舍得花精力，舍得下本钱。‘十年树木，百年树人’。教育问题是绝对不允许‘等一等’的。”[①]《中国农村扶贫开发纲要（2011—2020年）》明确提出国家扶贫开发的总体目标是：“到2020年，稳定实现扶贫对象不愁吃、不愁穿，保障其义务教育、基本医疗和住房。”各级政府在执行党和国家的方针政策时，都制定了基本公共服务（教育、医疗、卫生、养老等）均等化、全覆盖的实施方案，让连家船民也感受到党中央的温暖。

① 习近平：《摆脱贫困》，福建人民出版社，2014，第173—174页。

（一）保障基本公共教育服务

连家船民过去过着漂泊的日子，基本无法接受系统的教育，因而即使上了岸，一时也很难适应新的生活生产方式，“不识字”成为他们心中的一大遗憾。渴望接受教育，让后代比自己更强，也成为老一辈连家船民的追求与梦想。为确保每一个连家船民子女都有书读，党中央和各级政府坚持扶贫与扶志、扶智相结合，规定上岸连家船民的子女就学与当地其他学生同等对待，绝对贫困户的子女还免交学费。在党和政府的关心下，连家船民的受教育水平明显提高。

2015 年，福安市出台《福安市农村义务教育寄宿制学校“368 惠生工程”实施方案（试行）》①，使连家船民后代接受教育有了更多的保障。

考虑到村民文化程度低，福安市下岐村党支部这些年十分注重教育，做到既要“富口袋”，又要“富脑袋”。在上级党组织的支持下，下岐村村委会谋划了多种模式来富足渔民的“脑袋”，如先

---

① 方案规定了“368 惠生工程”的补助标准：“3”是按每位寄宿生、寄午餐生每年 300 元，给予全市公办农村义务教育寄宿制学校及寄午餐学校管理补助（不含省级以上按每位寄宿生每年 300 元补助给寄宿制学校的公用经费）。“6”是从 2015 年秋季学期起至 2017 年，按每位小学一年级、四年级和初中一年级寄宿新生每年一次性补助 600 元的标准；从 2018 年秋季学期起，按每位寄宿新生每年一次性补助 600 元的标准，均由市教育局统一政府采购并发放寄宿设备和寄宿生生活用品。“8”是除低保家庭寄宿生外，在每位寄宿生每年省级以上营养餐补助 1000 元（日均 5 元）的基础上，再增加营养餐补助 1600 元，每年按 200 天计算，即每天增加 8 元补助。小学和初中低保家庭寄宿生则分别在每生每年省级以上最低生活补助 2000 元和 2250 元的基础上，再分别增加 600 元和 350 元的营养餐补助；同时给予寄午餐生（已享受省级以上营养午餐补助的非寄宿低保家庭学生除外）每生每年 1000 元（日均 5 元）的午餐补助。

后设立的“海上书吧”“‘益岐’成长”“四点半课堂”“环保小课堂”“小小导游培训班”“姐妹‘乡伴’”等模式就非常有效，它们既为连家船民上岸后的生活提供了丰富多样的文化活动平台，还丰富了连家船民的精神文化生活。其中，“海上书吧”是通过送技术、送知识、送政策、送图书，向连家船民宣讲党和政府的方针政策，成为村民心中名副其实的文化驿站；“‘益岐’成长”通过整合校外教育资源，创造良好的学习环境、创业环境；“四点半课堂”有效解决了在外务工村民孩子放学后无人辅导的困境，“环保小课堂”“小小导游培训班”培育出“环保小卫士”“小小讲解员”“渔家梦”等志愿服务队；“姐妹‘乡伴’”通过“就业技能培训班”，传播了现代的家庭教育理念和方法，弘扬了“奉献、友爱、互助、进步”的志愿精神，提升了家庭教育能力，增进了亲子关系，提高了就业技能，拓宽了就业渠道，让妇女成为乡村振兴的主力军。

福安市溪尾镇中心小学教学楼、宿舍楼、食堂、篮球场等配置完善，连家船民子女上学学费全免。溪邳村也采取各种激励措施鼓励连家船民子女就学，如村里承担小学生的寄宿费和生活费，还对考上大学的学生给予 2000 元至 3000 元的奖励。据不完全统计，10 多年来，溪邳村考上大学的学生达 160 多人。

不仅如此，连江县东岱镇东水村、闽侯县上街镇青州村、罗源县松山镇乘风村等村庄，自党和政府启动“连家船民上岸定居”工程后，村里的孩子接受系统教育的人数越来越多，具有大学学历的人数也越来越多。

（二）纳入基础公共卫生服务

旧时连家船民地位卑微，长年漂在海上，无论走到哪里，生命都没有保障，更不要说病、老有所帮助。生活在新社会，享受到政府的公共卫生服务，老一代连家船民无不感慨万千。

福安市下白石镇下岐村完善村级基础公共卫生服务网络，合理分布村卫生所，彻底解决连家船民看病难的问题。建档立卡贫困户签约100％，医保参保人数从2005年的212人增长到2021年的3571人，医保参保率逐年提高，临时救助解困苦，大病重病不用愁。构建村级基本公共卫生服务网络，宣传普及基本公共卫生知识，指导疾病预防控制，倡导健康生活方式。落实医保政策，实行一体化管理，每人每年医保报销50元，“医疗云”“肺诊网”等走进下岐村，让连家船民足不出村体验优质医疗服务。为低保户、慢性疾病重点人群提供免费上门服务，组织“爱心医护”志愿服务，开展急救、体检等公益活动。下岐村现在有3个卫生医疗站，村民电话一拨，医务人员几分钟就可以上门服务。

下岐村关心上岸定居的老连家船民的身心健康，以“吃不愁”“病不忧”“孤不独”“乐有伴”为目标，让所有老年人都能有一个幸福美满的晚年。村里引导身体好、精力充沛、有技能、有经验、有威望的老年人，在化解社会矛盾、维护安定稳定方面发挥作用，对年轻人进行传帮带，促进家庭社会和谐安定，让老年人老有所为。丰富老年生活，组织开展“福安评话”“地方快板”“老年大学送文艺下乡活动”等丰富多彩的文娱活动，让每一位老人生活得安心、静心、舒心，安享幸福晚年，让老年人老有所乐。

福安市溪尾镇“海上社区”与溪尾镇卫生院共同设立“海上120快线”，组建“党员＋医生＋志愿者”医疗队，负责社区群众的日常医疗初诊。[①] 2019年，溪邳村办起了养老幸福院，全部费用由村集体兜底，实现村里老人老有所养。溪邳村出资支付全村37～59周岁3759名村民的社会养老保险费用、全体村民的医疗保险费用、村敬老院供养“五保户”不足费用等。

在霞浦县盐田乡北斗村，村委会为落实中共霞浦县委、霞浦

① 张文奎：《福安溪尾：“海上社区”有温度　连家船民同致富》，《闽东日报》2022年9月20日。

人民政府《关于印发加快推进精准扶贫率先脱贫“摘帽”工作实施方案的通知》精神，村支书连友华带领村委会全体成员梳理全村可能存在重大疾病的村民，纳入建档立卡贫困户，并挨家挨户动员这些村民参加城乡居民医疗保障，个别家庭困难村民由村委会代为缴纳参保费用。截至 2020 年，全村医保参保率 100%，真正实现了病、老有保。

罗源县鉴江镇海上村村民尤双生是村里的脱贫户。之前因为长年在船上生活，落下许多疾病，因病致贫。政府不仅帮她修好了危房，还派帮扶干部一对一扶贫，帮她申请养老金及各项补助。“过去我们船民生死病老无人管，现在享受党和政府的全方位关心，基本实现了全民参保。”罗源县松山镇乘风村欧明迹老人的感激之情无以言表。

四、增加村财全力奔小康

昔日蜗居渔船，刮风下雨心发慌；今朝福地安家，幸福欢歌咏传唱。过去，连家船民所在村集体收入相对薄弱，如何让村集体经济增强，是各地党和政府都十分关心的大事。现如今，连家船民所在村集体收入都有了较大的提升，由此让连家船民感受到更多的党和国家的温暖，对未来生活也就更加有信心。

（一）用好帮扶政策

为实施村财增收项目，福安市下白石镇下岐村村委会对本村湾坞农场的 450 亩养殖塘进行改造、出租，一方面带动村民增收，另一方面也增加了村集体收入。2021 年村集体实现年收入 63 万元[①]，改变了曾经“空壳村”的面貌。与此同时，下岐村办起了自己的文

---

① 雷津慧等：《产业兴旺带来渔村蝶变——福建省福安市下岐村乡村振兴秀美画卷徐徐展开》，《农民日报》2022 年 8 月 11 日。

化节——连家船民上岸节。连家船民上岸节以“上岸感党恩一起向未来”为主题，通过歌舞表演、展销会等方式表达了连家船民上岸后的喜悦与幸福。福安市委书记周祥祺表示，将以举办连家船民上岸节为契机，持续挖掘、保护、传承、弘扬连家船民文化，真正走出一条具有闽东特色、福安特点的乡村振兴之路。

同样的，国家级“最美渔村”——福安市溪尾镇溪邳村积极发挥党员、乡贤等群体力量，合作引进福建省溪霞水产有限公司，投资兴办藻类加工业，探索“党支部＋企业＋群众”经营模式，运用工厂化机械对水产品加工包装出售，提升了海产品的附加值，每年实现村集体增收 10 万元。据统计，2017 年、2019 年和 2021 年，溪邳村集体收入分别为 116 万元、126 万元和 162 万元。积极推进“海上社区”一二三产融合发展，科学编制村庄旅游规划，建设环湾步栈道景观和 6 座渔家体验式木屋，引导群众发展“海蛎宴”“滩涂海域教研学基地”等特色经营；用好用活“伍喵”团队等网红经济实体运作经营。① 近年来，溪邳村投入 3000 万元，修建村级敬老院、渔民公园、连家船民历史文化展室，推行垃圾分类试点等，由此收获了“全国文明村”“最美渔村”等荣誉，还被列入福建省“千村整治、百村示范”美丽乡村建设。在上级党委与政府的领导下，溪邳村积极融入三都澳湾区经济发展，按照“产业兴旺、生态宜居、乡风文明、治理有效、生活富裕”的总要求，立足自身山海资源禀赋，深挖“渔民上岸”特色，接续打造“多彩渔乡”闽东滨海渔村。

中共霞浦县委、霞浦人民政府在《关于印发加快推进精准扶贫率先脱贫“摘帽”工作实施方案的通知》中，明确提出进一步落实《霞浦县关于发展壮大村级集体经济的意见》，在不改变用途的情况下，财政专项扶贫资金和其他涉农资金投入设施农业、养殖

---

① 张文奎：《福安溪尾：“海上社区”有温度 连家船民同致富》，《闽东日报》2022 年 9 月 20 日。

业、光伏产业、水电、乡村旅游等项目，具备条件的折股量化给贫困村和贫困户，尤其是丧失劳动能力的贫困人口。盐田乡北斗村根据村情，把集体所持有的场地出租给霞浦盐田工业园区企业，获取租金；与盐田工业园区企业建立村企共建模式，增加存储收入；利用县政府出台的优惠政策，筹资 50 万元投资宁德新能源公司，每年可获得分红收入 5 万元，这样每年村财收入在 20 万元左右。从 2015 年开始，北斗村村委会争取政府投入 700 万元，先后完成了各自然村村道水泥硬化、路灯建设、老年人活动中心建设，以及里岐后、外岐后、思源新村、东风塘、渔溪新村自来水饮水工程及何山鼻、北斗澳、新塘边村级饮水工程建设等。同时配套完善水、电、路、网络等基础设施和公共配套设施，加快外岐后、思源新村、东风塘自然村房屋外立面和坡屋面改造，突出连家船民特色文化，不断提升村民人居环境水平。

（二）发挥海的优势

连家船民住下来了，如何继续稳下来？渔村最大的优势是靠近海，因而发挥海的优势，向海而兴，是渔村的出路之一。

在福州市委、市政府的支持和关心下，连江县东岱镇东水村连家船民积极探索发展捕捞鳗鱼、带鱼、金枪鱼等远洋渔业。经过 20 多年的发展，村内大型渔船已有 29 艘，形成了一支渔业大军，可前往西太平洋进行捕捞作业。村民的平均年收入可达 15 万元，村集体收入也随之增加，2021 年实现村财收入 20 多万元。[①] 根据东岱镇发展规划设想，“东岱镇将以‘水美乡村，生态宜居’为发展定位，扎实推进乡村振兴、特色农业、生态水系等各项工作。东水村因地制宜，做好鳗鱼产业、福州鱼丸产业两篇文章，让连家船民过上更加美好幸福的新生活。”东岱镇党委负责人说。

---

① 郑瑞洋：《连江东水村：瞄准“鱼”“丸”　向海而兴》，《福州晚报》2022 年 2 月 23 日。

根据《关于下发2019年扶持发展薄弱村村级集体经济名单及工作指南的通知》和《关于下达2019年度市级扶持薄弱村专项补助资金的通知》精神，罗源县政府把松山镇乘风村列入当年县级23个薄弱村补助名单，并把市级财政补助给各村的30万元代为投资到绿色金融（福州）投资管理有限公司，开展资本运作，这样各村集体每年可以从中获取一笔固定的分红收益金。与此同时，乘风村村委会还通过投资村庄沿街市场，以及把村集体所持有的店面出租给村民收取一定的租金。“有了这些举措，村集体收入就有保障。”乘风村党支部书记介绍说。村集体做强了，村里就有更多的钱用于帮扶村民，特别是一些老人和孤寡病残的村民，村里每年都会给一笔慰问金；还有奖励村里考上大学的学生，以及村里的公共环境建设等。

罗源县鉴江镇海上村集体经济的壮大得益于当地政府的重视，因地制宜，以“村委会＋合作社＋渔民”的模式，引导村民进行鲍鱼养殖、大黄鱼养殖、深海网箱养殖等特色产业，大力推进海洋牧场建设，既增加村民收入，又保障村集体收入。近几年，村集体收入都接近30万元。鉴江镇政府还计划修缮村早中期连家船民集中安置房，改善村巷环境，修建连家船民文化公园和村史馆等，通过“村委会＋公司”形式，打造一个文化街区，进一步提升村庄的人居环境，吸引周边游客来此游玩，每年还可给村集体增加收入。

千百年来，连家船民漂泊江海，居无定所，上岸定居的梦想，奢侈而遥远。中国共产党“不仅使他们搬上来、住下来，还要让他们富起来”的政治承诺，让连家船民终于在岸上有了家，过上了幸福生活。这真是千年巨变！生活在新时代的连家船民更是以多种形式讴歌他们的幸福变迁，他们感恩这个新时代。我们也相信，幸福没有终点，在实现中华民族伟大复兴的道路上，连家船民的生活会越来越美好。

第四章
福建连家船民走向新生的探索与期待

自上岸定居以来，福建连家船民的生产、生活等发生了翻天覆地的变化，逐步实现了“搬上来”“住下来”“富起来”的工作目标，但也存在一些新的困难和问题。为更好推动连家船民真正融入社会和走向新生、加快宜居宜业和美乡村建设和早日实现共同富裕奋斗目标，有必要对连家船民上岸定居乡村进行较全面、深入的调查分析，进而归纳、总结其上岸发展的历程及其在产业发展、脱贫致富等方面取得的成绩和面临的问题，既较全面了解、掌握连家船民上岸定居后发展建设等方面的总体情况及基本诉求，也有助于研究提出乡村振兴背景下推进连家船民定居乡村全面振兴的切入点和行动方案，走出一条有鲜明渔村特色和海洋经济时代特征的沿海乡村全面振兴道路。

一、搬上来：连家船民告别漂泊上岸定居扫描

（一）从水面到岸上一步盼了千年

福建的连家船民，学界一般认为源于汉魏时期的土著闽越人。《汉书·严助传》有载：（闽越人）“劗发文身之民也。不可以冠带之国法度理也。……处溪谷之间，篁竹之中，习于水斗，便于用

舟”。大约在唐朝中叶，福建沿海出现了一些为躲避战乱而以船为家、终年在海上颠簸的渔民，最多时达到 10 万多人。长期以来他们浮舟泛居于船中，形成一片片用船连接起来的“水上村庄”。村民赖以生存的船只因此得名“连家船”；因船在水上犹如浮蛋晃动不已，住在船上的连家船民也被称为“疍民”。他们“浮家江海”“以舟为居”，长期过着水上“游牧”生活，人称“海上吉卜赛人”。

这是一个非常特殊、被边缘化了的弱势群体，其中又以闽东地区的连家船民为甚。历史上他们受海寇的劫掠和官府的盘剥，一直挣扎在社会的最底层，为主流社会和多数岸上居民所歧视，不被允许上岸定居。新中国成立之前，他们被蔑称为“贱民”“曲蹄”或“疍家贼”，甚至流传着“疍妇多为娼”的恶意说法。由于极端贫困，民间有“有女莫嫁船上汉”的俗语，连家船民的婚姻也就面临着“近亲结婚多、童养媳多、姑嫂换亲多”等伦理困境与生育隐患，加剧了贫困的代际传递。

新中国成立以后，党中央和福建省委、省政府关注到了这一特殊的群体，开始对连家船民进行普查、登记，并着手进行连家船民的上岸定居、改善民生和公平待遇等工作。如宁德市蕉城区共有 8 个连家船民村，分布在漳湾镇、八都镇、七都镇、三都镇，总户数 2500 多户，人口 1 万多人。据介绍，蕉城区的连家船民大致经历了两轮“社会大改造”。第一轮是 20 世纪 50 年代初至 70 年代末，党和政府派出工作队，拨出大量专款和木材，两次大规模地帮助连家船民上岸定居。但由于长期以船为屋，习惯了“水打船帮摇摇晃晃的感觉”，生产生活方式一时难以改变，连家船民往往只是将房屋作为库房使用，晚上依然回到船上居住。据统计，这期间闽东连家船民上岸定居的有 2348 户 11289 人，但直到 1999 年仍有 3000 多户近 2 万名连家船民漂泊海上。[①] 第二次是 20 世纪

---

① 刘季鸣：《霞浦船民族群身份的演变历程》，《福建史志》2018 年第 5 期。

90年代末至21世纪初，连家船民上岸定居进入整体推动期。20世纪90年代后，三都湾水域、滩涂发生了很大变化，有的地方截流建设电站，有的围垦造田、建造池塘或改变用途，有的水面开发成大规模的网箱养殖区域，等等。渔业自然环境也发生着相应的改变，有些地方淤积严重，底质变化，流速、流向改变，原有鱼类栖息地发生变迁。有些物种濒临灭绝，如七都溪入海口的“寸金鱼”、兰田溪与门退港的花蛤、白瓠岛至白马港之间海域的梅童鱼等，近年来都已基本消失了。由于海洋捕捞资源的严重衰退，官井洋已形不成鱼汛。而大黄鱼人工育苗在宁德市获得成功后，三都湾的大黄鱼网箱养殖业迅猛发展，在三都湾内有近20万箱的养殖规模，占据了大片海域。

计划经济时代，部分连家船民所在社队曾发展过100～150马力的机帆渔船进行近海捕捞。但随着近海渔业资源的严重衰退，机帆渔船逐渐被淘汰。而随着临海工业的发展，用海、占海项目日益增多，连家船民赖以生存的作业水域也越来越小，传统的作业方式明显地跟不上现代化渔业发展的步伐，生产效益逐年下降。

1996年4月，福建省八届人大四次会议期间，来自霞浦县的省人大代表卓宝玉等就连家船民上岸定居等问题向大会提出建议：将连家船民上岸定居列入“造福工程”或享受“造福工程”优惠政策，由省政府办公厅牵头组织有关部门共同落实解决；土地、建委等部门对这项改造给予政策倾斜，在建房用地和缴费等方面予以特别优惠照顾；民政等部门划拨专项资金给予扶持，民政厅、脱贫办、老区办、民委等部门应加大扶持力度，在资金上切块补助；省政府及有关部门给予专项资金补助和政策优惠的同时，地、县两级应予相应配套。此建议得到省领导的高度重视。

1997年，分管扶贫工作的省委副书记习近平同志带队到霞浦、福安、宁德三县（市）调研，了解连家船民的生产生活状况。走近岸边，映入眼帘的是一艘艘窄小而破败不堪的渔船和不少连渔船都没有的船民。他们在岸边用破旧的渔船、长竹竿、塑料膜搭盖起“吊脚楼”，成年人只能猫腰钻，“里面没有电、没有水，昏暗潮湿，全部的家当就是一口铁锅、一张竹床和一床破棉絮”。为了使这些困难群众彻底摆脱贫困、安居乐业，在习近平同志的倡导、推动下，省委、省政府把“连家船民上岸定居”和“茅草房改造”纳入为民办实事项目，下发了《福建省人民政府关于做好连家船民上岸定居工作的通知》，出台了一系列政策措施，解决搬迁和生产就业等问题。1998 年底，习近平同志还在福安主持召开连家船民上岸定居现场会，指出“意莫高于爱民，行莫厚于乐民”，然后说：“我们共产党人看到群众生活如此困苦，更应感到寝不安席、食不甘味！没有连家船民的小康，就没有全省的小康。这件事非做好不可，要让所有的连家船民都能跟上全省脱贫致富奔小康的步伐，实实在在地过上幸福生活。”①

1999 年，宁德地委、行署把连家船民上岸定居列入为民办实事项目，率先在全省实施让全部连家船民上岸生活的“造福工程”，与全地区沿海各县市分别签订责任状，提出集中全力、奋力攻坚，统一征地、统一规划、统一建房、统一解决“三通一平”、统一安置，每户安排建房面积 40 平方米，每人补助 1300 元，帮助所有船民全部上岸定居。② 连家船民终于结束了在海上飘摇无着的历史。

（二）逐步摆脱贫困过上幸福生活

海洋污染、生态失衡使得上岸成为连家船民唯一的出路。他们有的从事农业；有的转行成为工人，或者做起了生意；也还有

---

① 本书编写组编著《闽山闽水物华新——习近平福建足迹（上、下册）》，福建人民出版社、人民出版社，2022，第 48 页。

② 林耀琳、吴庆堂、雷津慧：《从贫困县到全国百强县，福安一路奋勇前行》，《中国老区建设》2021 年第 10 期。

一些仍然从事渔业生产活动，只是海上捕捞水域缩小，只能季节性生产；有的则到滩涂上讨小海。① 虽然相比过去，连家船民的生活水平和教育质量等有了很大改善，但由于缺乏必要资金和生产手段，直到2011年，连家船民的人均收入水平仍然低于全省的平均水平，有近40%的连家船民收入低于全省贫困线。尽管“造福工程”基本解决了连家船民的住房问题，仍有超过三分之一的连家船民自有和租住房屋的人均面积不足15平方米，还有小部分连家船民的住房属于危房。从受教育的情况看，除了极少数人接受过高中教育，70%以上的连家船民只有小学文化。由于有财政补贴，当时超过80%的连家船民都参加了医疗保险，但养老保险和最低生活保障的覆盖率只占总人口的15%与5%左右。② 因此，上岸的连家船民虽然彻底改变了生存状况，但想要富裕起来，还面临着很大困难。

鳌江村位于宁德市蕉城区漳湾镇南部沿海，全村现有1270户5400余人，全部为连家船民。虽然2013年蕉城区提高标准，按照“一户一宅60平方米”的用地标准进行建设，无偿提供农村集体建设用地，将这些连家船民全部纳入“造福工程”搬迁对象，使连家船民上岸后的居住地有了根本保障。但由于常年蜗居渔船中，很少接触新知识、新技术、新观念，要很快融入社会、接受新鲜事物有一定困难。“刚上岸那会儿，我感觉什么都是陌生的，也不知道做什么，很是茫然。”村民陈宽这样说道。绝大多数上岸的连家船民都是既期望结束漂泊的生活，又对上岸后的生活充满迷茫，没有方向。

上岸是连家船民与社会接轨的开始，生活方式与思想的改变

① 刘季鸣：《霞浦船民族群身份的演变历程》，《福建史志》2018年第5期。

② 林耀琳、吴庆堂、雷津慧：《从贫困县到全国百强县，福安一路奋勇前行》，《中国老区建设》2021年第10期。

则是连家船民融入现代社会的关键性一步。目前，宁德市蕉城区的连家船民均已上岸安居，他们所要面对的是与祖辈完全不一样的生活。为了解决连家船民上岸就业问题，蕉城区委、区政府积极推进连家船民后续帮扶工作，帮助他们转产转业，统筹上岸渔民的社会保障工作，使他们在“安居”的基础上，更好更快地实现“乐业”。尤其是加大政策扶持力度，采取小额信贷、税费减免等措施，支持连家船民发展二、三产业，并开展有针对性的技术培训、择业指导和就业服务，优先安排连家船民参加“阳光工程”等各类培训。

从2013年开始，鳌江村“两委”按照市场需求，带领群众发展龙须菜种植、海蛎等水产品养殖，增加了种植户、养殖户的收入。龙须菜成为全村的支柱产业之一，仅此一项就使全村户均收入达到1.5万元，并涌出了像翁玉忠这样的“水产大户”。“上岸后，在镇、村的帮助下，我自己办了一家龙须菜加工厂。技术不行，镇里请农技员来指导；销路不畅，村支书帮忙联系厂商。现在我们的年产值达到1000多万元呢。”村民翁玉忠自豪地说。在翁玉忠的康来点水产有限公司里，几名妇女正在收割龙须菜。“告别漂泊生活后，许多妇女留守在家，无事可做，我们便主动招收她们来厂里工作。”翁玉忠说。55岁女工林翠玉笑着说：“刚上岸的时候，我想去城里打工，可是自小在船上长大，除了撒网捕鱼别的都不会，是翁总和村支书一起找上门，希望我们到厂里打工。现在一天能赚百来元，我们可开心了。”

在翁玉忠的示范下，鳌江村越来越多的养殖户开始带领乡亲们一同致富，或招收女工，或交流养殖经验，或共同前往外地创业。目前全村有500多人在晋江发展水产养殖业，每年实现纯收入3200多万元，有效反哺了村集体经济。鳌江村村民陈申城说：“我的龙须菜种植面积从10亩发展到90多亩，年收入能达到10万元左右。”

（三）生产生活存在的问题与困难

1. 相关技术与人才匮乏，乡村空心化严重

乡村振兴关乎民生大计和民族复兴，贯彻落实乡村振兴战略，人才是关键。然而，目前相关技术与专业人才的短缺已经成为乡村全面振兴过程中的一大阻碍。市场经济的蓬勃发展使越来越多的村民向城市迁移。一方面，基于对优质教育、医疗资源的需求，农村人口大量外流，留在农村的青壮年和儿童很少，这使得农村人口老龄化问题加剧。[①] 另一方面，乡村经济发展缓慢，配套基础设施不完善，对返乡创业者的吸引力不强，也难以吸引外来资本投资和企业入驻。[②] 加上优秀的青年群体大多选择非农岗位就业，乡村的人才不断流失，产业发展与技术更新滞后。例如，罗源县部分老连家船民习惯沿用传统养殖技术，生产与市场需求脱节，导致水产品的市场竞争力下降。

2. 养殖业发展用地受限，规模经济成难题

为优化调整海洋产业布局，合理利用海洋资源空间，2015 年 6 月，福州市颁布《福州市罗源湾海域水产养殖退出工作总体方案》，要求 2016 年底实现罗源湾海域全面退养，退养范围、对象为罗源湾海域内所有的水产养殖设施和养殖水产品，包括网箱、浅海、滩涂和垦区海水池塘等。其中，罗源湾南岸连江县辖区包括马鼻、透堡、官坂、坑园、下宫等 5 个乡镇，有养殖网箱逾 9 万个、深水大网箱 20 个，养殖品种为鲍鱼、大黄鱼、牡蛎、海带等。罗源湾北岸罗源县辖区包括松山、碧里 2 个乡镇，有养殖网箱

---

① 李健民：《闽东疍民的由来与变迁》，《宁德师专学报（哲学社会科学版）》2009 年第 2 期。

② 张怀燕：《乡村振兴背景下“农村空心化”的思考》，《南方农机》2022 年第 1 期。

13.4万个，养殖品种为鲍鱼、大黄鱼、牡蛎、海带等。据罗源县松山镇乘风村老村长介绍，1983年乘风村90%的村民以养殖牡蛎为主业，养殖场地曾达千余亩。然而，乘风村的养殖场地恰属退养水域，养殖场地缩减、养殖设施停止使用导致连家船民的收入缩减。部分连家船民在政府的帮扶下转产转业，不再从事养殖业。

3. 收入水平得以提升，但仍不稳定

连家船民上岸定居后，正式结束了舟居水处、漂泊无依的生活，所从事的职业类型从单一地围绕着船运和渔业生产，逐渐变得多样，收入来源也从单一向多元发展，二代以后的连家船民逐渐向外发展，大量进入其他行业。但总体来看，从事渔业生产经营和外出打工的连家船民仍占主要部分，且其从事的行业多为第二、三产业中的低端行业，在城市企事业单位就职的比例较低。由此，连家船民们的职业地位并不高。① 由于职业选择的不同，职业的稳定性与收入水平也就不尽相同。从访谈可知，连家船民多从事滩涂养殖、近海捕捞等渔业生产经营，大多属于分散、粗放式经营，受自然因素影响较大，隐患较多，在一定程度上影响了收入的稳定性；而外出务工的人员，其工作流动性较大，不确定性同样较大。总体来看，连家船民普遍存在工作和收入较不稳定的情况。

进一步访谈可知，连家船民在从事渔业生产经营过程中也遇到了发展的困境与挑战。一方面，滩涂养殖需要适当扩大场地，这与海域生态保育之间存在矛盾。② 随着养殖技术的进步以及人们对海产品需求的增大，不少连家船民试图扩大滩涂养殖规模。但

---

① 周璐：《1949年以来闽江流域下游的连家船民职业流动的研究——以闽侯县S社区为例》，硕士学位论文，福州大学人文社会科学学院，2016。

② 姚金清、郑国锋：《霞浦："连家船民"终结海上漂摇》，《人民政坛》2000年第10期。

近年来国家实施海域生态保育，严禁填海造地，在一定程度上制约了滩涂养殖规模的扩张。另一方面，连家船民的滩涂养殖属于分散、粗放式经营，这种传统的生产经营方式，由于规模小、集约化程度低、技术水平落后、资金薄弱，难以产生规模效益；而且这种个体养殖模式参与市场竞争能力弱，抵御市场风险能力差，连家船民的收入时常受到市场与自然灾害等方面因素的影响。

4. 基本设施得以保障，但仍未配套

随着连家船民上岸定居与生产生活，逐步形成了以连家船民为主的新的聚居村落，成为我国基层组织和村庄群众自治的一部分。在乡镇基层政府相关部门的带动下，连家船民的公民观念与政治意识开始萌发，逐步参与到社会发展和基层自治进程中，行使着选举权和被选举权。① 但总体来看，连家船民参与政治活动和行使权利的意愿不强，参政权利的落实较晚。但在连家船民上岸定居和经济不断发展的过程中，他们与岸上居民的交往程度不断加深，包括商贸往来和通婚等。尽管在上岸初期存在一定程度的歧视倾向，但往来的增加为连家船民的经济发展提供了机会，既促进了收入的增加，又增强了岸上居民的认同感。通婚也促进了他们与岸上居民的交流往来，使曾经是边缘群体的连家船民不断融入当地社会。②

随着连家船民上岸定居，其医疗卫生与子女教育也得到了一定的保障。上岸定居后，连家船民的子女就学更为方便、有保障。他们与岸上居民的子女一同到学校接受教育，也拓宽了连家船民的活动范围和人际交往范围，思想也不断开阔。但由于连家船民

---

① 刘长仪：《疍民的社区边界及其身份认同——闽东横屿的个案研究》，硕士学位论文，厦门大学社会与人类学院，2019。

② 赵佳乐：《连家船民上岸定居的适应性研究——以闽江下游木帆社区为例》，硕士学位论文，福州大学人文社会科学学院，2016。

上岸居住地区大多较为偏远，学校规模较小、师资力量薄弱，这也影响了教学质量。此外，由于每个村庄都建立了卫生站，医疗卫生服务有了一定的保障，但由于各种原因，相关卫生站仍存在条件差、服务质量低下等问题，不能有效满足村民们的医疗卫生需求。

5. 治理体制与机制不畅，不适应社会需求

随着农村可经营管理资产和资源要素等范围的扩大，和现代企业合作是连家船民定居乡村全面振兴的又一助推方式。然而部分连家船民定居乡村虽努力践行村民当家作主的村民自治制度，但由于当地经济社会发展条件并不优越，存在部分村民生活困难等情况，因此对村民自治和权利表达关心较少，村民对自治制度的理解和认识也不够深刻。乡村治理自治水平和法治化程度低，难以与市场经济、社会化的经营管理相适应。尤其是年轻人担任村干部的意愿不高，村“两委”的年龄大多集中在45～55岁，缺乏有新思想新理念的“领头雁”。这也就造成乡村治理体制的固定化和传统化，致使乡村治理与时代脱节，成为乡村全面振兴中的一大痛点。

二、住下来：连家船民抒写安居乐业生动写照

20世纪50年代，福州万寿桥下居住着大批连家船民，他们社会地位低下，无财产保障、无生命保障、无教育保障，生活十分艰苦。1991年3月，时任福州市委书记习近平同志登船调研他们的生活状况，并提出要切实解决连家船民搬迁上岸问题，此后很多连家船民被安置在台江区苍霞等地。2000年7月，在时任福建省委副书记习近平同志等的推动下，台江区政府对苍霞棚屋区进行改造，并在400天时间里让连家船民搬进了苍霞新城，迎来了新生。20多年后的今天，苍霞新城正按要求进行统一修缮、提升改造，他们的生活水平也不断提高。

（一）把好事做好

苍霞新城位于福州市台江区苍霞街道，毗邻上下杭历史文化街区和苍霞特色历史街区，包括嘉惠苑、嘉和苑、嘉兴苑、嘉华苑、嘉盛苑，一共 5 个小区，占地 26 万平方米，总共 42 幢，实际居住 3850 户 1.65 万人。

20 世纪 50 年代，在政府的帮助下，福州市闽江沿岸的连家船民逐步上岸定居，其中很多连家船民被安置在苍霞等地的棚屋区里。他们居住在台江苍霞一带，在这里形成了一个住房面积 1.5 万多平方米、人均住房面积 9 平方米的棚屋区。棚屋区多为低矮的木板屋，居住多年后歪斜朽坏、满目疮痍，存在着很多安全隐患，是“纸褙福州城”的一个缩影。在此背景下，2000 年 7 月 2 日，习近平同志专门调研苍霞棚屋区改造工作，并说“请给群众捎个话，政府会把好事做好”。相关部门秉持着无论是拆迁、征地，还是集资、安置，都要注意引导和保护群众的积极性，听取群众的意见，关注群众的利益，取得广大人民群众的支持和配合的理念和原则，只用了 400 天时间就建成了苍霞棚屋区改造安置新社区——苍霞新城，3441 户 9511 人实现了从征迁到回迁，连家船民们的生活又一次得到了改善和提升。这是当时福州市规模最大、安置人口最多的棚屋区改造工程。

（二）新情况新问题

苍霞新城自 2000 年建成至今，已历经 20 多年，原来的设施逐渐无法满足居民日常生活需要，存在的问题日益凸显。

1. 楼体老旧破损

建筑结构陈旧，损坏程度很高。① 特别是墙面油漆脱落，磕碰

① 陈宝燕：《老旧小区改造研究——以福州台江某小区为例》，《福建建筑》2020 年第 8 期。

或涂鸦现象严重；窗户年久失修，阳台杂物堆积，凌乱不堪；与楼道相连的单元门，有些已经脱落、损坏，形同虚设，存在着很大的安全隐患。楼梯间公共区域墙壁脏乱，采光效果差；楼道里灯光昏暗，不便居民上下楼；窗户玻璃破损，楼梯栏杆和扶手也都有损坏，锈迹斑斑，需要进行维护修缮。

2. 基础设施落后

苍霞新城日常生活与配套保障等基础设施存在严重老化或短缺现象，主要包括上下水管网、电路、燃气管道老化，屋顶防水损坏等。而且随着经济社会的发展，小区里急需增设垃圾分类辅助设施以及充电桩等新的社区配套设施。与此同时，小区里提高居民居住与生活品质的公共服务设施还不够完善，包括公共活动场地、健身设施、娱乐设施、活动室、物业用房等。

3. 违建占用突出

老旧小区违章搭建不仅影响美观，而且很有可能引发火灾，造成人员伤亡等严重后果。苍霞新城里存在许多违规搭建的临时建筑，这些临时搭建的棚子、小屋、车棚、户外广告牌等使小区本就狭窄的公用通道等变得更加拥挤，不仅给居民的生活造成了极大不便，还影响到消防安全等。消防通道被车辆占用、安全楼梯口堆放着各种杂物等，也对居民的日常生活造成极大的影响和困扰，对发生火灾时人员的撤离和消防人员的及时救援等也会造成不利影响。

4. 车辆停放困难

由于规划设计理念落后，加上苍霞新城建成时拥有小汽车的居民较少，因此没有规划建设停车场，更不用说地下停车场。随着人民生活水平的不断提高，越来越多的居民购买了小汽车，小区停车难的问题日益凸显。为了方便出行，大多数家庭也都购买了电动自行车，小区内虽然设有非机动车停车棚，但难以满足居民的停车需求。由此，停车难问题成为苍霞新城改造的重难点问题之一。

5. **绿化面积较小**

苍霞新城建成年份较早，受当时设计思路和经济条件等的局限，小区住宅采用较整齐的行列式布置，楼间距较窄，缺少绿化或景观带，造成景观环境资源匮乏和景观层次较为单一。由于公共空间狭小，总体来说苍霞新城的园林绿化与公共环境质量并不高，远远不能适应居民在这方面日益增长的需求。

6. **社区养老困难**

苍霞新城老年人口比例高达 60%，老龄化程度高，可以说是一个典型的老龄化社区。但在 21 世纪初期，由于经济水平不高、电梯尚未普遍使用，因而苍霞新城并未配备，导致现在老年人上下楼不方便。因此，老年人养老和行走等方面的问题成为苍霞新城改造需要重点关注和解决的问题之一。

7. **改造资金紧缺**

作为老旧小区，苍霞新城的基础设施建设水平较低，无法适应居民的生活需求，需要进行大量的改造，因此突出存在维护资金不足等难以解决的问题。而且居民交的物业费总体偏低，导致物业公司所能投入的力量有限，无法维持长久、稳定的服务。

（三）统一修缮提升

基于上述问题，为了更好满足居民的需求，2021 年，福州市台江区启动了苍霞新城的改造升级工作，并在 2022 年 2 月完成了苍霞新城嘉和苑的改造，改造项目获评全省城乡建设品质提升老城更新样板项目第一名；2022 年 5 月，又紧锣密鼓地进行了第二期的改造，即嘉盛苑、嘉华苑、嘉惠苑和嘉兴苑 4 个小区的整治提升。这次改造，不仅更让老旧社区重新焕发生机，让居民的生活质量得到了极大提升，也提升了福州的城市形象。从对嘉和苑的调查中可以看出，苍霞新城主要在以下几个方面做了调整和升级。

1. 完善基础设施配套与运行管理

嘉和苑建设时间较早、设计标准不高，随着社会的发展进步和生活水平的逐步提高，原有的基础设施已不能满足居民现实生活的需要。文化娱乐、托幼健身、老年人餐饮与行走不便、机动车停放与非机动车管理等方面的问题突出，缺乏公共空间与服务功能。基于此，嘉和苑加装了电梯，方便居民尤其是老年人上下楼；对侵占小区绿地、道路、广场等公共空间的违规搭建进行拆除；对小区外立面进行了整体改造①，让小区焕然一新。特别是坚持“改管运一体化”的系统综合改造思路，优先完善道路、管线、消防、照明、绿化等基础设施，开展违章拆除和房屋结构安全隐患整治，统筹布局养老、托幼、体育、社区食堂、便民驿站等公共服务设施，推进老旧小区改造与上下杭历史文化街区风貌相协调。

2. 打造“一轴两核七星 N 点”空间结构

以贯穿社区的三捷河为纽带，打造了“一轴两核七星 N 点”的空间结构。“一轴”是苍霞人家新思想教育实践基地，即将展示棚屋区改造历程的曾氏祠堂作为党建文化的核心基地。“两核”为苍霞新城展示廊和连家记忆漫游带。“七星 N 点”为家门口的七个民生服务综合体：展现苍霞文化的党建文化中心、为老人解决吃饭问题的社区长者食堂、供孩子游玩学习的儿童梦想乐园、为居民提供缝衣理发的幸福便民驿站、社区智能管控的智能运维中心、安全放心的智慧停车场，以及用于解决邻里矛盾的“邻里议事亭”等，分别满足不同类型社区居民的各种需求；“N 点”指公共休闲空间提升和景观绿化提升，让苍霞新城居民实现家门口的幸福传递。

3. 提出并实施“五社联动”治理新格局

“五社联动”是指由社区、社会工作者、社区社会组织、社区

---

① 陈宝燕：《老旧小区改造研究——以福州台江某小区为例》，《福建建筑》2020 年第 8 期。

志愿者、社区公益慈善组织共同组成的社会关爱服务体系，让居民学有所教、困有所帮、爱有所依、托有所居、居有所安。苍霞新城提出并实施了独特的“五社联动”的治理新格局，取得了较好成效。特别是嘉和苑小区建成20多年，能实现如此洁净的社区环境，很大程度上取决于这一基层治理创新：以社区党委为核心，以社区的社会组织为载体，充分挖掘和发挥社区居民、社区物业以及社区慈善基金等的作用，联合社区社会工作者和党员志愿者参与小区治理，实现优势互补、有效沟通、协调发展的良好局面。尤其是坚持以近邻党建引领基层治理，逐步建立党组织引领下社会协同、群众参与的社会治理共同体。①

4. 探索和构建智慧社区，提高管理效率

随着数字化技术的快速发展以及数字福建建设的大力推动，数字化建设也深刻融入社区建设和治理中。② 基于此，苍霞新城通过数字化平台构筑智慧社区。“七星N点”之一的智能运维中心摆放着苍霞新城与中国电信共同合作的智慧社区综合管理平台，用于实时了解掌握苍霞新城的社区概况、社区党建和平安社区的数据。小区里安装了148个智能高清视频监控设备，不仅可以拍摄，还可以还原高空抛物过程，方便对不文明行为进行监督管理。与此同时，小区通行系统在识别到社会重点关注人员时会第一时间预警，以筑牢社区安全防控网，建设平安社区。小区内还配有巡逻机器人“小金”和扫地机器人“白墩墩”，大大提高了社区管理的效率，为“老社区”注入了“新活力”。

5. 引进、填补物业空白，提高服务水平

俗话说：“三分建设，七分管理。”现代的物业管理、专业的管

① 李秀锦：《构建基层社区治理新格局——以福建省福州市为例》，《邢台学院学报》2022年第1期。

② 杨雅玲、刘素芬：《智慧社区建设对公共服务供给优化研究——以福州市军门社区为例》，《福建师大福清分校学报》2020年第4期。

理队伍，能够为住户提供专业化、高质量的物业服务，提升居民的舒适度和满意度，满足居民对高质量生活的要求。要使老小区尽快进入城市的有机更新，真正解决民生问题，必须引入市场化经营的企业，建立起长效的服务体系。福州市台江区国有资产投资集团有限公司于2021年12月与福州市金地物业管理有限公司共同组建福州市金色家园城市建设运营有限公司。福州市台江区还于2014年在全区探索推广家园事务服务中心这一民间非营利机构参与社区治理的新模式，由社区工作人员、热心居民、职业经理人等共同组成，将无物业的老旧小区进行整合，统一管理。① 得益于楼栋长制度与社区家园事务服务中心的双重作用，苍霞新城社区形成了一条“上下连线”，可以及时收集和解决居民的问题。

三、富起来：连家船民勇于探索迈向幸福之路

闽东连家船民上岸第一村——福安市下岐村一直以来深受党和政府的关心与社会的关注。然而，1997年以前，下岐村“有名无实”，全村700多户连家船民祖祖辈辈以海为生，一条小木船就是几代人的家；1998年“造福工程”实施后，连家船民结束了世代漂泊在海上的历史。尤其是在党和政府的持续关心与指导下，扶贫开发的种子开了花，目前正处于从脱贫攻坚向乡村全面振兴的过渡阶段。

（一）精准扶贫

下岐村的主要做法与经验，归纳起来就是“精准扶贫”方略。这里的“精准扶贫”，就是做到“六个精准”、实施“五个一批”、解决“四个问题”。“六个精准”，是精准扶贫、精准脱贫方略的主

① 刘晓宇、王崟欣：《设施完善　住得更舒坦》，《人民日报》2021年4月13日。

要内容和基本要求，包括扶持对象精准、项目安排精准、资金使用精准、措施到户精准、因村派人精准、脱贫成效精准，解决“扶持谁”“谁来扶”“怎么扶”“如何退”的问题。实施“五个一批”，则是分类施策的基本思路和实现途径，即实施发展生产脱贫、医疗脱贫、教育脱贫、生态保护脱贫、资产收益扶贫。下岐村针对渔业、渔民进行扶贫脱贫，具体措施与主要成效如下。

1. 资金帮扶与生活保障

上岸前，连家船民通常祖孙三代蜗居在小船上，几乎没有财富积累；到了岸上，想要谋求发展，却没有基本的资金。为了让连家船民更好地发展生产，各级政府各部门努力解决连家船民生产、生活、教育等帮扶资金，提供小额信贷资金用于发展生产。为此，政府不仅安排干部结对帮扶，还专门制定22项优惠政策，有针对性地帮助连家船民搞好生产生活；与此同时，下岐村实施了村财增收项目，对位于湾坞农场的450亩养殖塘进行改造、出租，稳定增加村集体资产收益，改变了曾经“空壳村”的面貌。

2. 产业培育与多元发展

过去，连家船民世代生活在船上，岸上没有土地，只能靠捕捞这种单一的生产方式生存。这就不可避免地受自然条件的影响。台风天时，所有船只都得进港口避风浪，连家船民无法捕鱼；每年渔业淡季时，收成不好，连家船民的日子更是难过。为了改变连家船民的生产生活状况，在政府的组织帮助下，连家船民的生产方式由单一生产转向多种产业生产，因地制宜，立足滩涂、鱼塘、水面等特色资源，大力发展海洋经济。他们仍然将第一产业作为重点，渔业重心从海洋捕捞渐渐转移到水产养殖，包括种龙须菜、大黄鱼、春水鱼、海蛏等多种水产品；同时大力发展第二、三产业，进行建筑施工以及开展商贸服务业，开拓产业发展与就业渠道，增加连家船民的收入。2021年，渔业生产兴旺，下岐村从事渔业生产人均年收入33500元；建筑行业壮大，成立股份制建筑施工队，带动50多人从事建筑行业；商贸服务业红火，从事水产批发零售、餐饮、物流服务、电商等商贸业的连家船民达300多户。

3. 技术培训与创业创新

1997年，下岐村95%的连家船民都是文盲，没有一个大学生，上岸谋生的道路走得十分艰难。上岸的连家船民那时大多正值青壮年，他们没有土地，无法进行农业生产；没有文化，只能在工厂里打零工。为了帮助他们更好发挥自身的价值，政府举办专门针对连家船民的技能培训班，教会他们如何科学地进行水产养殖，实现收益的最大化；培训就业技能，拓宽他们的就业道路。现在还乘着互联网发展的东风，引导他们创业创新脱贫，培训直播带货技能，大力发展线上电商平台等，将水产养殖产品销售出去。

（二）发展升级

1. 有利条件与面临挑战

（1）资源比较丰富，产品市场广阔。随着我国经济持续健康发展，人民生活水平不断提高，膳食结构也逐步改善，人们对水产品的需求量呈逐年增长态势，对品质好的水产品的需求量更是越来越大，直接推动了水产养殖业的快速发展。下岐村位于白马江畔，是纯渔业村，近年来主要种养殖龙须菜、大黄鱼、春水鱼、海蛏等多种水产品，品质较好。同时，下岐村靠近沈海高速公路，交通便利，村民捕捞、养殖的水产品可以在短时间内销往市场，这些都是下岐村产业发展升级的有利条件，在一定程度上保证了水产品的质量。尤其是该村所处的下白石镇拥有水产品市场，以海鲜交易、海鲜加工、采购和品尝为一体的“海鲜一条街”项目正在加紧建设中。这些都是下岐村产业发展升级的有利条件。

（2）文化底蕴深厚，亟须传承创新。在文化方面，下岐村与其他普通渔村最大的不同是连家船民文化。由于大部分村民都是连家船民，他们祖祖辈辈劳作在水上、吃住在船上，甚至结婚生子都在船上，以水为生，以水养人。他们对潮水涨落、鱼的淡旺季非常熟悉，能够自如地运用捕捞技巧来谋生。在水上，他们善于看云识天气，知晓不同形状、颜色的云将带来什么样的天气，这是连家船民在水上生活必备的能力之一。面对海上突如其来的危险，连家船民能够迅速反应，采取应对措施。这些只是连家船民文化的一部分，值得挖掘、传承。

（3）党和政府重视，政策措施明确。在宁德工作期间，习近平同志挂钩联系福安，连家船民困窘的生活给他留下了深刻的印象，也孕育了连家船民上岸定居工作思路；到福建省工作后，他调研、部署和大力推进连家船民上岸定居工作。1998 年 12 月，全省“造福工程”暨连家船民上岸定居现场会在福安召开，连家船民上岸定居工作加速。党和政府切实关心关注连家船民的利益，实施了一系列政策，如 2015 年中共福安市委发布《关于贯彻落实习近平总书记扶贫开发重要思想加快推进精准扶贫精准脱贫的决定》等。为将国家海洋渔业资源养护补贴这一惠渔惠民的政策落到实处，2022 年福安市海洋与渔业局开展渔业资源养护补贴发放信息核对工作。相关地方也越来越重视挖掘连家船民衣食住行、婚丧嫁娶、生产生活等方面丰富深厚的民俗文化意蕴。2023 年 7 月，福安市成立了连家船民文化研究会。

（4）融合发展水平较低，产业链较短。产业融合发展是农村现代化发展的重要举措，使生产者、加工者和消费者都能够获益。下岐村的连家船民上岸后，在政府的帮助下，渔业生产日益兴旺、建筑行业逐步壮大、商贸服务持续红火。虽然第一、二、三产业发展势头很好，但未能充分利用和融合乡村特色资源，三个产业相对割裂，无法发挥产业融合的效果。① 没有专业的加工车间，缺乏

① 阎祥东：《沿海渔村振兴面临的困境与对策》，《中国农业会计》2021 年第 10 期。

大型加工设备，水产品都是初级粗加工，产品附加值很低，产业链也比较短。以休闲渔业为代表的第三产业发展较为缓慢，无法满足游客娱乐、住宿、餐饮等需求，村民的服务意识也比较淡薄。

（5）缺乏相关技术及专业人才支撑。人才是渔村振兴的智力支撑，人才兴乡村兴、人才旺乡村旺。1997 年，下岐村 95％的连家船民都是文盲，没有一个大学生；2021 年，全村已有大学生 280 人。虽然相比过去，村民的文化素养有所提高，未来大学生也将越来越多，但人才问题依旧是下岐村乡村全面振兴的短板。这些大学生未必会回来建设家乡，他们有的已适应或习惯了大城市的生活节奏，有的觉得乡村缺乏创业的环境与基础。如果连当地大学生都不愿回家乡，如何让外地的人才来他乡帮助乡村发展振兴呢？因此，人才问题是下岐村全面振兴事业的一大难题。

（6）渔业开发带来的生态环境问题。下岐村位于白马江畔，拥有丰富的水资源。过去，连家船民主要进行一些简单的捕捞生产活动，对水生态的影响有限。现在，连家船民上了岸，意识到水资源是下岐村得天独厚的优越条件，于是开始学习、引进各种技术，大力发展包括水产养殖、海洋捕捞等在内的现代渔业。然而，这些活动也带来了一些深远、难以解决的负面影响。特别是过度养殖产生的残饵和排泄物进入水体，会使水体富营养化，导致藻类加速生长，为赤潮、水华等灾害提供了便利条件。① 同时捕捞过程中也会产生很多垃圾，它们大多被直接排放到海洋中，这也成为破坏海洋环境的重要因素之一。

2. 发展思路与对策措施

（1）大力弘扬渔村传统文化，提高村民的认同感与归属感。下岐村的全面振兴，说到底还是需要村民的奋发图强。要积极引导

① 徐凤丽、张部：《关于实现渔村振兴的路径探索》，《江苏商论》2022 年第 1 期。

沿海渔村加强渔村文化建设，调动村民文化建设的积极性，激发渔村全面振兴的内在活力和外在动力。首先要在思想上增强“村民—村庄共同体”意识，让村民发自内心认可家乡，愿意为家乡投入精力，为家乡振兴事业而奋斗。其次是挖掘与发扬连家船民文化精神，让村民不忘水上生活的艰苦，更加珍惜当下来之不易的幸福，激发其振兴家乡的精神动力。再次要摒弃传统文化与现代文化对立的观念，在重构传统文化的同时，积极融入现代文明要素，进一步提升连家船民文化的优势。同时提高主人翁意识，号召村民共同为家乡建设建言献策，让所有村民参与其中，享受当家作主的权利，谱写乡村全面振兴新篇章。

（2）增强村民生态意识，让渔业发展和生态文明齐头并进。生态环境的破坏是过度发展和村民缺乏环境保护意识造成的，必须让村民意识到生态环境和生态文明的重要性。村委会等要发挥宣传引导作用。一方面，可以在村民文化长廊里宣传有关“水污染”“水灾害”等生态小知识，并配上图片，让生态破坏的后果更加触动人心；另一方面，村委会可以在村民技能培训班中定期开展保护生态环境的宣讲，让大家在学习新技术的同时了解过度发展的危害，促使村民在进行渔业生产活动的过程中，有意识地走绿色发展道路。应制订有关渔业生产活动的具体规定，将“禁渔期”“禁捕捞生物”等措施落到实处。还应组织人员督导村民生产，提醒村民遵循生态规律，及时处理冲上岸的海洋垃圾，以防被冲回水中形成多次污染。

（3）开发“渔旅融合”新产业体系，培育现代特色产业。在大力发展绿色渔业的同时，也要发展乡村旅游业，以此形成“渔旅融合”新产业体系。要进一步完善和加快渔村支柱产业发展，在加强生态环境保护、防止近岸海域污染的同时，根据产业发展规划推进水电、道路、电力等基础设施建设，提升支柱产业综合竞争力，促进渔村经济高质量发展。尤其是要合理开发旅游资源，依托水上养殖综合整治形成的良好的生态环境吸引游客，不断提高服务意识与水平。村集体可以出资建设“网红乡村”，打造民宿、美食、游玩一条街。积极鼓励村民建造民宿，将空闲的房间按当下流行的风格重新装修，供游客住宿；或在水上建立小社区，提供“水上民宿”“夜景观光”等服务，满足游客的需求，打造现代休闲渔业。加快培育本地的特色渔业，推进一、二、三产业有效融合，促进渔业增效，提高村民收入，实现渔村全面振兴。

（4）鼓励青壮年返乡发展创业，促进城乡融合共同致富。青壮年是乡村发展的主体力量，他们能为乡村振兴注入新鲜活力，促进乡村振兴的进程与质量。首先应鼓励在外青壮年返乡发展创业。在外青壮年大多拥有一定的知识和能力。他们返乡创业，能够搭建与城市连通的桥梁，获取其他企业资金、技术上的帮助，带动乡村经济发展。村“两委”应给予相应的补贴，设立创业资金支持项目孵化。其次是运用“先富带后富”机制，鼓励村民进入青壮年返乡创业项目工作，解决就业问题，实现脱贫致富。再次要努力发挥党员先锋模范作用，积极帮村民干实事，带领村民走向幸福之路。此外也要通过加强宣传和教育培训，使青壮年群体系统了解当地的传统文化，增强其对家乡的认同感。

四、向未来：连家船民绘就乡村全面振兴蓝图

为更好地分析、掌握连家船民上岸定居后的发展总体情况和基本诉求，包括收入、住房、教育、医疗、社会参与等方面的情况和面临的问题，以及希望政府、社会组织等提供的重点帮扶等，我们进行了问卷调查和访谈。共发放问卷160份，收回有效问卷154份，回收率96.25%。

（一）总体评价较高

1. 适应性

51.95％的受访者认为连家船民上岸后“很适应”。六成以上的受访者觉得现在的生产生活水平总体“较好”，甚至“很好”，24.68％的受访者认为“一般”；有4人觉得现在总体生产生活水平较差，主要是经济收入不够、住房较差。从与岸上居民互动往来的程度看，分别有24.03％和44.16％的受访者选择“往来密切”与“经常往来”，但有6人选择“从不往来”。

2. 满意度

从家庭经济与生活状况的满意度上看，选择“比较满意”和“非常满意”的分别占27.92％与25.97％；有9人表示“压力很大”，至于主要原因，有3人认为是孩子的教育，有2人认为是没有工作、缺乏稳定的收入，有2人认为是渔业越来越不景气、海产品价格逐渐走低，有1人认为房贷压力很大，还有1人认为是娶亲压力大，还要赡养高龄父母。从对中小学教育的满意度上看，选择“比较满意”的占31.82％；其次是“一般”和“非常满意”，分别占25.97％和24.68％；有4人选择“不满意”，主要原因是当地小学的师资力量弱，离居住地远。从对医疗卫生条件的满意度上看，受访者多集中于“比较满意”，占33.77％；其次是“一般”，占比为25.32％。

此外，若从总体上看，受访者在家庭经济与生活状况、中小学教育、医疗卫生条件三个指标中选择“一般”的占比超过20％，这说明部分受访者认为当前家庭经济与生活状况、中小学教育和医疗卫生条件有待提高。

受访者对“连家船民”上岸生产生活现状评价表

指标	满意度	频数	百分比（%）	累积百分比（%）
总体生产生活水平	很好	43	27.92	27.92
	较好	54	35.06	62.98
	一般	38	24.68	87.66
	有待提升	15	9.74	97.40
	较差	4	2.60	100.00
上岸后适应程度	很适应	80	51.95	51.95
	比较适应	56	36.36	88.31
	一般	14	9.09	97.40
	有点不适应	2	1.30	98.70
	不适应	2	1.30	100.00
互动往来程度	密切往来	37	24.03	24.03
	经常往来	68	44.16	68.19
	偶尔往来	32	20.78	88.97
	极少往来	11	7.14	96.11
	从不往来	6	3.89	100.00
家庭经济与生活状况	非常满意	40	25.97	25.97
	比较满意	43	27.92	53.89
	满意	27	17.53	71.42
	一般	35	22.73	94.15
	压力很大	9	5.85	100.00
中小学教育	非常满意	38	24.68	24.68
	比较满意	49	31.82	56.50
	满意	23	14.94	71.44
	一般	40	25.97	97.41
	不满意	4	2.59	100.00

续表

指标	满意度	频数	百分比（%）	累积百分比（%）
医疗卫生条件	非常满意	31	20.13	20.13
	比较满意	52	33.77	53.90
	满意	30	19.48	73.38
	一般	39	25.32	98.70
	不满意	2	1.30	100.00

若将“满意度”赋值，很好、很适应、密切往来、非常满意为5分，较好、比较适应、经常往来、比较满意为4分，一般、偶尔往来、满意为3分，有待提升、有点不适应、极少往来、一般为2分，较差、不适应、从不往来、压力很大、不满意为1分，那么，“总体生产生活水平”的平均分为3.76分，总体评价接近“较好”；“上岸后适应程度”的平均分为4.36分，总体评价为“比较适应”；“互动往来程度”的平均分为3.77分，总体评价接近“经常往来”；“家庭经济与生活状况”的平均分为3.45分，总体评价处于“满意”和“比较满意”之间；“中小学教育”的平均分为3.50分，总体评价处于“满意”和“比较满意”之间；“医疗卫生条件”的平均分为3.46分，总体评价处于“满意”和“比较满意”之间；总体指标评价平均分为3.72分，总体评价接近“较好”。

可见，受访者对上岸后总体发展状况还是“比较满意”的，“比较适应”岸上生活生产，与岸上居民“经常往来”，总体生产生活水平“较好”，但家庭经济与生活状况、中小学教育、医疗卫生条件仍存在较大的提升空间。收入是反映经济状况最重要的指标，同时也决定了上岸定居后连家船民的发展情况，因而是衡量连家船民生活质量好坏的重要标尺。上岸后连家船民大都仍旧从事渔业生产，进行滩涂养殖或贩卖养殖饲料。与此同时，由于滩涂地大多未进行分配，存在着一定的争抢滩涂地的问题。部分连家船民会在闲暇时间外出打工，但由于文化水平不高，大都从事服务业等行业，而在企事业单位工作的人极少。①

（二）发展需求明确

1. 主要诉求

从总体上看，对乡村振兴战略“比较了解”和“了解一些”的受访者比例较高，分别占33.20%和31.80%，有2人选择了“完全不了解”；关于乡村振兴战略对受访者工作与生活的影响，选择“影响较大”的占比28.57%，选择“影响很大”和“影响一般”的分别占26.62%和24.03%，有12人选择了“没有影响”。

在问及受访者需要政府提供哪些方面的支持与帮助时，从响应率上看，响应率较高的是“扶持农业、渔业生产”，选择该选项的有119人，响应率达14.91%；其次是“完善乡村基础设施”，选择该选项的有104人，响应率达13.03%；响应率最低的是“提供有针对性的培训”，仅55人选择，响应率为6.89%。从普及率上看，“扶持农业、渔业生产”“提供就业机会”“完善乡村基础设施”“改善周边环境”“改善子女教育条件”“改善医疗卫生条件”6项的普及率都超过了50%，认为最需要的帮助是“扶持农业、渔业生产”，普及率达77.27%，选择“提供有针对性的培训”的人数最少，普及率仅达35.71%。由此可知，受访者大多希望政府在“扶持农业、渔业生产”“完善乡村基础设施”“提供就业机会”这三方面提供帮助。

① 周璐：《1949年以来闽江流域下游的连家船民职业流动的研究——以闽侯县S社区为例》，硕士学位论文，福州大学人文社会科学学院，2016。

希望政府继续提供的支持帮助情况表

项目	响应		普及率（n=154）
	n	响应率	
扶持农业、渔业生产	119	14.91%	77.27%
提供就业机会	101	12.66%	65.58%
发展集体经济	81	10.15%	52.60%
完善乡村基础设施	104	13.03%	67.53%
改善周边环境	94	11.78%	61.04%
改善子女教育条件	92	11.53%	59.74%
改善医疗卫生条件	85	10.65%	55.19%
提供有针对性的培训	55	6.89%	35.71%
保护并发扬连家船民文化	65	8.15%	42.21%
其他	2	0.25%	1.30%
合计	798	100%	518.17%

2. 重点工作

上述分析表明，连家船民上岸定居后各个方面都得到了大幅度提升，并且逐步适应了岸上生活、较好地融入了当地社群，走上幸福之路。但新形势下想要更好实现连家船民上岸定居乡村的全面振兴，还需重点做好以下几个方面工作。

（1）大力发展现代生态渔业，提高组织化水平。一是建立渔业发展合作社。由从事渔业的连家船民共同发起、组建渔业发展合作社，共同集资和经营管理，既增加渔业科技投入，增强全村渔业发展能力，进一步夯实渔业产业基础，又辐射带动村庄渔业相关产业发展，增加连家船民就业机会，拓宽收入来源。二是大力发展生态养殖。通过推广、实施生态养殖的方式，形成综合、立体、循环的现代水产业发展体系，可以进一步提升渔业品质与市场竞争力，使产量与质量并重。三是延伸渔业产业链。通过三产融合的方式，使渔业不再停留于传统养殖捕捞的低端环节，而是赋予渔业生产多种内涵，可建立起渔业加工厂，制售干货产品[①]；也可依托渔业发展生态旅游，让更多人来此欣赏渔村风光、品尝新鲜的海产品；还可依托渔业开展海洋研学课程，让更多学生与民众了解海洋文化知识。

（2）加强连家船民职业技能培训，增强社会适应性。对青壮年连家船民而言，目前是从事渔业生产和相关产业的黄金时期，但由于受教育水平普遍低下等因素的影响，生产能力有限，就业范围较窄。为此，相关部门可以联系高校、科研机构与渔村结对帮扶，利用高校和科研机构的资源对连家船民开展多元化的职业技能培训，提高连家船民的技术水平与经营管理能力，使他们有条件获得新的行业的就业机会，或者就地发展创业，加快乡村全面振兴。

（3）加强连家船民文化传承创新，增进群体凝聚力。新形势下，连家船民上岸定居乡村要注意进一步收集、整理连家船民文化的历史遗存，记录好搬迁上岸与发展建设的历程，以此进行有关连家船民文化旅游开发与传承保护。[②] 可以通过建立村史馆、建设连家船民民俗文化博物馆等方式，让后人了解历史、铭记历史；通过举办连家船民民俗文化活动、设计海上体验项目，让游客沉浸式体验连家船民的生产生活；通过设计与连家船有关的纪念品，提高大众了解连家船民文化的兴趣，更加关心、关注连家船民。通过多种形式，有效促进连家船民文化的保护和开发，使连家船民既能融入现代社会，又不失自身特色。

（4）加强对连家船民的政策扶持与引导。一是加快推动、落实还未上岸连家船民全部上岸。据某受访者反映，个别地方仍存在

---

① 方鼎韩等：《下岐村乡村振兴战略推进现状及建议——基于闽东红色海上交通线白马港段的调研》，《现代商贸工业》2021 年第 35 期。

② 郭伯龄、李小燕：《加强“连家船”文化传承与保护》，《政协天地》2013 年第 9 期。

着连家船民还未上岸的情况，政府应重视这一问题，切实保障未上岸的连家船民及时上岸，在推动上岸的过程中“不落下一个人”。二是相关政策应适当向连家船民倾斜。由于连家船民是具有一定特殊性的群体，因而不能照搬其他乡村巩固拓展脱贫攻坚成果的方案，而应根据连家船民的特殊性来制定适宜方案与可行措施，完善教育、医疗、养老等方面的资金补助政策，加大对渔业生产升级的扶持与引导力度，降低渔业生产成本。① 此外，还应建立健全针对连家船民的政策性保险与社会保障机制，特别是应将连家船民纳入渔业政策性保险体系，探索专项优惠政策，从而进一步降低连家船民的生产生活风险。

（5）加强对连家船民的资金支持与帮助。一是加大连家船民上岸定居乡村基础设施投入。政府应更加关心、及时升级改造连家船民集中安置点配套基础设施，同时通过“三清一改”等措施，进一步改善乡村环境卫生，提高连家船民的生活质量。二是加大中小学师资队伍建设力度。一方面增加连家船民上岸定居乡村学校教师岗位的补贴，进一步提高教师待遇，吸引更多优秀人才到乡村任教；另一方面逐渐建立完善支教体系，鼓励、引导当地大学生毕业后回家乡任教，或聘请退休的优秀教师前来支教等。三是强化和落实政府公共服务责任，加大村级医疗卫生投入。一方面，应根据当地连家船民人口数量，设立专项卫生服务经费，加大其占卫生事业费用的支出比例，保证每个自然村都能享受到基本医疗卫生服务；另一方面，应加强农村医疗队伍建设，积极组织卫生站的医务人员不定期参加专门的学习与培训，提高医务人员的技术水平与综合服务能力。

（6）加强连家船民文化的传承、保护与利用。一是要重视并加

---

① 廖润雪：《福建省“连家船”渔民调查分析与政策建议》，《渔业信息与战略》2012 年第 4 期。

强连家船民文化的传承与保护。省、市级相关部门可以整合各地连家船民的文化资源，捆绑申请省、市级或国家级非物质文化遗产[①]，让更多人关心关注这个特殊的群体，为区域发展增添一张新的文化名片。二是要进行连家船民文化资源的综合研究与开发保护。首先，科学建立连家船民相关研究小组，对即将或已经消失的连家船民文化进行挖掘和保护传承。其次，规划建立民俗文化村或展示馆，呈现连家船民的生产生活资料，展现连家船民文化内涵。最后，文化管理部门应支持将连家船民文化作为创作题材，通过电影、电视、音乐、歌舞、绘画等作品的呈现，让更多的人了解、认识连家船民文化，喜欢连家船民文化，甚至成为连家船民文化的传播者。

---

① 许志跃：《传统文化在现代社会的传承与保护——以连家船文化为例》，《漳州师范学院学报（哲学社会科学版）》2012 年第 1 期。

第五章
福建连家船民上岸定居乡村发展振兴之道

摆脱贫困，是从古至今安邦定国的大事；消除贫困、改善民生、逐步实现共同富裕，是社会主义的本质要求。1992 年，习近平同志将在闽东工作时的讲话、文章，以《摆脱贫困》为书名汇总出版，全书围绕“闽东地区如何脱贫致富、加快发展”这一中心主题，提出了一系列制度、理念、观点和方法，例如摆脱意识和思路的“贫困”、“滴水穿石”精神、“弱鸟先飞”意识等，引人深省。① 党的十九大吹响了国家实施乡村振兴战略的号角，开启了新时代农业农村现代化建设新征程。党的二十大又强调要全面推进乡村振兴。坚持农业农村优先发展，坚持城乡融合发展，畅通城乡要素流动；加快建设农业强国，扎实推动乡村产业、人才、文化、生态、组织振兴；发展乡村特色产业，拓宽农民增收致富渠道；巩固拓展脱贫攻坚成果，增强脱贫地区和脱贫群众内生发展动力。这为新形势下扎实做好乡村振兴这篇大文章提供了遵循，也为连家船民上岸定居乡村高质量发展指明了方向。

---

① 叶志坚、肖剑南：《从摆脱贫困到乡村振兴——习近平扶贫发展战略的成功实践》，《福建党史月刊》2021 年第 1 期。

一、始终坚持因地制宜

在党和政府的支持、帮扶下，作为连家船民上岸后集中定居主要村落的罗源县松山镇乘风村和鉴江镇海上村，近年来较好实现了连家船民“搬上来”“住下来”“富起来”的基本目标。相比而言，海上村的养殖捕捞业规模更大、更稳定，经济收入也更高；乘风村由于村庄土地面积狭小，住房建造存在规划不合理等问题，加上罗源湾“全面退养”政策的实施，村民的收入来源变少了。近年来，罗源县委、县政府深入贯彻习近平总书记2021年3月在福建考察调研重要讲话精神，努力传承福州“3820”战略工程思想精髓，科学编制和有效实施了“十四五”规划，乘风村和海上村正逐步探索、走出一条具有自身特色渔村振兴之路。

（一）幸福是奋斗出来的

调查发现，两村近年来的发展都离不开党的领导、政府的帮扶和村民们的奋斗。特别是两村均在政府的帮扶支持下，走出特色发展之路。具体历程与发展现状如下。

1. 产业发展

（1）乘风村。自1982年引进日本太平洋牡蛎并成功育苗30亩后，乘风村掀起大面积种植牡蛎的风潮，养殖牡蛎成为村民的主要经济来源，牡蛎种植面积最高达到千余亩，村民的收入大幅度提高。而后由于经济社会发展等方面的需要，宝钢德盛不锈钢有限责任公司等三家企业征用了该村的部分土地，同时罗源建设深水外港，开展装卸仓储业务，乘风村的牡蛎养殖遇到困难。之后，为了保护生态环境、促进经济的持续发展，罗源县实施“全面退养”政策，这使村民们失去了主要经济来源。村民们主要靠内海捕捞和销售海鲜获得经济收入，存在不稳定性。党的十九届五中全会召开后，罗源县积极响应党中央部署和相关政策措施，加快建设幸福宜居的现代化罗源，大力建设起步、松山、白塔乡村产业振兴“三个组团”；乘风村则顺应时代潮流与发展趋势，依托政策优势，在政府的帮扶引领下，着力进行基础设施建设和乡村文旅产业发展，不断发掘新的经济增长动力，利用独特的海滨风光为村民和村财收入的增长赋能。

（2）海上村。历史上海上村村民多以捕捞业为主，纯天然、无污染的海蛎是该村的特产。由于出海捕捞易受自然环境等方面的影响，村民们逐步发展养殖业。据介绍，该村的主要经济来源为鲍鱼养殖和龙须菜种植，村民们年收入最高可达几十万元。该村还大力培育和发展特色产业，特别是引导村民进行大黄鱼养殖、深海网箱养殖、海带种植等，持续推进“海洋牧场”建设；同时规划、建设疍民文化街区等项目，盘活当地文旅资源，实现特色文化资源开发保护和经济发展的双赢，为当地经济社会可持续发展提供动力与保障。

2. 住房建设

乘风村的连家船民于 1960 年在迹头上岸，暂居于两排泥瓦房。由于房屋数量较少，上岸定居的多为老人和小孩，大部分连家船民仍居于船上。1961 年至 1964 年，当地政府两次筹资，并通过撤并部队营房，实现了一户一个房间，使得 30％的连家船民得以上岸定居。1998 年，乘风村在县政府的积极帮扶下，进行“造福工程”建设，于 1999 年建成 2400 平方米的商品房。2001 年至 2005 年，该村建成安置房 95 套，为村民们提供更多住房。2016 年，该村又建成集资房 25 套。据介绍，2022 年 4 月，该村开展环境整治工程招标，大力实施“六清一改”，为村民提供更优质的居住环境。

海上村则在 1958 年经罗源县人民政府拨款，为刚上岸的连家船民建房 24 间；至 1962 年，该村共拥有 60 户建设房，房子为砖木结构。考虑到连家船民的生活习惯，建设房内部两侧为连排的安置住房，中间留有一条过道，因酷似铁路隧道，被当地村民称为“火车洞”。虽然“火车洞”低矮昏暗潮湿，通风采光条件较差，但这对当时的连家船民而言却是巨大的改善。此后，政府又陆续拨款建造住宅，连家船民也逐渐上岸定居。2003年，海上村通过“造福工程”建设了三栋商品房。2017年，海上村又通过“幸福家园工程”建了一栋商品房。至此，连家船民的居住条件大大改善，初步实现“搬上来”“住下来”的工作目标。

3. 基础设施建设

生活用水方面，起初乘风村主要是利用部队的水井或自打水井，直到1984年与迹头村合并，才从迹头水库直接引水。据介绍，2002年该村每户筹资200元引入自来水，并在2018年实现了一户一表；特别是2019年进行污水改造后，该村的生活用水质量大大提高。除此之外，该村公厕已按建设标准完工，生活垃圾则由政府拨款通过保洁公司进行承包处理，并按规划着手建设休闲娱乐空间，改善了村容村貌和人居环境。

相比之下，海上村不仅上岸时间稍晚于乘风村，而且没有部队营房等作为暂时居住地。初期上岸的连家船民多数居住在“火车洞”，基础设施比较差，饮水困难、卫生问题频出。后来在党的领导、政府的帮扶和村民们的共同努力下，引进中闽（罗源）水务有限公司建设全县第一座乡镇净水厂，改造升级了村里的自来水管网，提升了村民们的用水质量。海上村还建设有健身器械场地和新式环保公厕等，目前村民们也拥有了舒适便捷的公共休闲场地。

4. 文化建设

由于上岸前和上岸初期生活贫穷，加上路途较远等原因，当时乘风村大多数儿童没有上学，村民们的文化水平普遍较低。20世纪60年代，该村利用部队的营房开展小学教育，但由于当时村民们缺乏教育意识等缘故，直至20世纪70年代，该村的教育水平仍较落后。直到1984年，该村与迹头村合办小学，特别是国家实施义务教育后，文化教育水平开始大幅提升。2008年松山中心小学建成后，教育质量有了保障，乘风村村民大都将孩子送到这里上学。该村建有家风家训馆和造福楼，未来将坚持文化资源开发与保护相结合，避免传统文化逐渐没落甚至消失。比较有特点的是，海上村深挖流蜞文化和连家船民文化，积极传承弘扬捞流蜞的非遗文化，丰富了文化底蕴。

目前，除老年人外，海上村村民多定居于罗源县城，孩子多在城关上学。实施义务教育前，村里只有部分村民能识字、书写；实施义务教育后，村民的文化程度逐步提高，政府也常派大学生村官助力海上村文化建设。此外，由罗源县渔家旅游发展有限公司投资建设，“产、城、人、文”有机融合的文化街区已在该村落地，计划建设包括三个主题展厅和一个多功能展厅及外围配套基础设施的疍民文化展览馆，全方位展示连家船民上岸60多年来的发展变化，同时疍家美食街与“涂鸦”创意区将盘活资源，将民俗文化和旅游商贸融为一体，促进经济发展。① 未来，该村还将坚持保护与开发并重，实现乡风文明与文化振兴。

（二）尺有所短，寸有所长

1. 发展比较

通过分析比较，可以发现乘风村和海上村的连家船民上岸定居都离不开党和政府的扶持，但两村的发展变迁又有各自的特点。乘风村利用部队营房先安置部分连家船民，再展开住房建设，最终实现全部上岸定居；并在政府的支持下，在原有的基础上实行纵向发展，为村民们提供更加舒适的生活空间。海上村则是先进行住房建设再实现上岸定居。相较于乘风村的分批定居，海上村

---

① 郭斌：《罗源鉴江：文旅迎客　古镇新生》，《福建日报》2021年8月5日。

采取先全部定居再改善住房条件的方式，在政府的支持下实行横向发展。因此，乘风村的住房多为高耸型商业住房，海上村则为联排民房。

总体来说，乘风村的基础设施要弱于海上村，村民的生活环境还有待提高，建议在政府的帮扶下按照罗源县住房和城乡建设局的针对性方案积极建设，为村民提供更好的生活处所，实现乡村全面振兴。

海上村每年开展流蜞文化旅游节，举办广场舞大赛、垂钓比赛、集体观影等文娱活动。相比之下，乘风村的文娱活动较少，仅有庙会与赛龙舟。未来乘风村应加强民俗文化建设，尤其是要以村民的需求为导向，适时开展适合本村的文化娱乐活动，丰富村民的文化生活。

2. 存在问题

（1）土地资源紧张，产业单一，融合发展空间受限。作为纯渔业村，乘风村的产业与收入来源比较单一，早期主要依托海洋渔业资源从事牡蛎养殖，村民的收入较稳定；后因罗源县实施“全面退养”政策，村民的经济来源仅余近海捕捞，经济发展受到较大冲击。随着医疗水平的提升，该村的人口明显增多，然而该村土地面积较小，经济用地和居住用地存在冲突，修建住房等大型建设只能纵向发展，导致农家乐等文旅项目难以实施，大大削减了该村毗邻海边的优势，难以开展具有海滨特色的渔村文旅项目。

受限于产品特色不突出与知名度不高等问题，旅游业还不能完全支撑海上村的经济发展。作为主要经济来源的鲍鱼养殖和龙须菜种植，受涨退潮时间、水温和海水咸度等自然条件的影响较大，也存在一定的风险。

（2）青壮年劳动力就业机会缺乏，社会力量发掘有限。由于村庄面积较小，乘风村的海鲜交易等市场经营活动仅在商业住房的一楼开展，而且考虑到人力成本等因素，相关从业者更愿意用外来务工人员，本村青壮年缺少就业机会，对该村发展建设的参与度较低。目前村里常住人口多为老年人，文化程度普遍较低，沟通交流与服务引导存在一定的困难。由于地理位置特殊，靠近高速路口，乘风村常被误认为是迹头村的一部分，认知度较低也影响了该村的发展。

虽然海上村目前建设了“海上牧场”以扩大收入来源，但易受自然环境与市场等因素的影响，收入不稳定，青壮年大多选择外出打工，“海上牧场”只能聘请外来务工人员进行劳作。据介绍，负责龙须菜挂菜和收菜的临时工每人每天的工资是350元，人力成本逐年走高。

（三）因地制宜、因势利导

1. 利用已有基础和政策实现产业升级转型，带动乡村振兴

乡村振兴，产业兴旺是关键。海上村和乘风村应充分依托已有的产业基础和相关政策措施，因地制宜、因势利导，坚持新发展理念和系统理念，大力促进特色产业升级与转型，促进乡村全面振兴。乘风村目前在政府的支持指导下开展村容村貌改造，较好解决了渔具四处堆放、私拉电线等问题，为发展特色旅游业提供了良好的环境和安全保障。与此同时，依靠松山镇“一区三镇”的组团发展战略，乘风村通过与竹里村的畲族文化联动，促进了乡村文旅经济发展。乘风村还将在原有的捕捞业基础上发展现代休闲渔业，通过建设环海海洋园区，重点加强水产品的精细化加工和流通，提高水产品的附加值，促进特色产业发展，助力乡村全面振兴。

海上村可以在已有养殖业的基础上丰富养殖品种，推进多元化、科学化、标准化发展，同时提升冷藏保鲜技术，大力发展物流业，利用电商促进产品销售，拓展服务范围，为当地经济发展注入活力。海上村还可以依托鉴江镇乡村振兴“1113联村组团”发

展项目，加快培育壮大特色产业，推广具有当地特色的农渔产品，形成新的产业经济增长点，进一步带动农民和村财增收，促进镇域经济发展。

2. 依托特色资源开展文旅项目建设，助力地方经济持续增长

要充分利用当地有利的地理位置和独特的自然风光，大力开展文旅项目建设，延长产业链条，增强产业发展后劲和核心竞争力。乘风村不仅可以合理利用当地的小船开展海上垂钓等项目，也可以利用毗邻港口码头的优势建设沿海栈道、观景平台，开发海边漫步等项目，还可挖掘、利用具有历史意义的景物，赋予其特殊意义以吸引游客。例如村口的大榕树自连家船民上岸时便扎根于此，见证了连家船民上岸定居与发展变迁的历程，等等。

海上村则可以利用村庄面积较大等优势，大力开展农家乐、商业民宿等文旅项目；利用“圣塘二级渔港项目”，发展与之相关联的休闲农业、渔业、商贸等重点产业和延伸产业，发展融合型经济新业态；通过联合高校、科研单位等，合理开展素质拓展、生物调研等活动。此外，由于该村养殖品类多样，还可以跟饭店等达成长期合作，拓宽销售渠道，促进养殖业发展。

3. 加强规划引领与监督实施，凝聚乡村全面振兴的强大力量

乡村振兴需要凝聚全党全社会的力量。新形势下，要进一步加强党组织和政府相关部门的规划、引领和带头作用，提高村民和社会公众对乡村振兴的认识与支持，妥善利用好社会各界的力量，从不同的角度促进乡村全面振兴。

（1）政府。当前我国提出并实施乡村振兴战略、强调城乡融合发展，是对统筹城乡发展和城乡发展一体化战略的升级与完善，需要在理论认识与实践操作方面同步更新与升级，增强乡村的凝聚力和吸引力，避免路径依赖。值得注意的是，罗源县政府近年来一直积极规划、大力推动相关策略措施，率先探索利用专项债券助力乡村振兴等模式。未来乘风村可利用政府专项债券，在罗源县相关政策的支持指引下，通过“抱团”，在其他乡镇的辐射带动下加快发展振兴；海上村则可依托“1113 联村组团”政策，通过招商引资与旅游公司等达成长期合作，进一步开展特色文娱活动和集市，推动文旅经济发展。

（2）社会组织。每个社会组织都有不同愿景和使命，担负着不同的责任。新形势下要进一步发挥不同社会组织的作用，利用它们的动员能力和号召力，提高社会公众对乡村振兴战略的认识，凝聚社会力量，推动乡村全面振兴。首先要广泛引导相关社会组织积极参与，从多方面、多角度推动海上村和乘风村的发展振兴工作，提升群众的了解度、参与度和完成质量。建议乘风村进一步挖掘、整合连家船民上岸定居的相关材料，积极开展宣传推广，鼓励、支持相关社会组织与乘风村进行长期、深入合作，助力社会公众关注、了解乘风村的风土人情和发展方向。海上村也要进一步整合资源，在相关社会组织的帮助下，加快提升文旅项目的知名度和吸引力；灵活开展相关产品的生产、加工、包装、宣传与售卖等活动，延长产业链条，丰富产业种类，为乡村全面振兴赋能。

（3）企业。乘风村周边有多个钢铁厂，可充分利用一楼店面开展餐饮等服务业，还可出租空置房屋，促进经济发展。由于靠近福州港罗源湾陆岛码头有限公司，乘风村可利用企业在市场和渠道方面的优势，促进本村的发展振兴。海上村已拥有龙须菜种植基地及加工厂等，可利用当地物流运输业等延长产业链，提升产品附加值，助力发展振兴。还可以鼓励当地企业积极开展公益基金项目，特别是响应党和政府政策措施，回应两村和自身的发展需求，促进乡村建设。例如，由村干部和企业高级管理者组成项目策划与领导小组，由村民酌情出资，以出资额多少分享股份投资企业相关项目以取得收益，让先富带动后富，进而走向共同富裕，携手绘就美好蓝图。

二、加快城乡融合发展

作为连家船民上岸集中定居点之一，闽侯县上街镇青州村主要由上洲村、中洲村、下洲村和劳光村四个自然村组成；位于溪源江路西北侧、福银高速公路东侧，毗邻闽江学院、福建医科大学、福建中医药大学，面积 6.74 公顷，2021 年底有人口 1000 户 4000 多人。近年来，青州村以推进乡村发展振兴、不断提高人民生活品质的发展理念为引导，实现了脱贫攻坚与深化改革同频共振，走出一条具有区域特色、城乡融合发展的乡村振兴之路。

（一）脱贫攻坚与深化改革同频共振

1. 产业发展方面

调查发现，近年来青州村第一产业发展有所萎缩。青州村曾拥有 2000 多亩耕地，加之村内有都套河，农业生产用水方便，有发展第一产业的优势。但由于 2001 年底福州兴建大学城，青州村的大部分耕地被征用，耕地面积缩小，第一产业发展逐渐萎缩。大学城聚集了大量师生，青州村便围绕大学城打造小吃街，满足众多师生的饮食需求，取得了极大成功。村民们经过简单的学习培训便可以开店经营，成本低回报率较高，大大促进了青州村的产业结构升级转型。

2. 配套设施方面

调查发现，青州村的人均收入水平与生活质量较高。第一，2019 年闽侯上街青州幼儿园开园，完善了当地的教育服务体系，进一步满足了青州村适龄儿童的教育需求。第二，村内设有卫生所，有一名医生，基本满足了村民简单医疗的需求。第三，青州村的都套河建立了完善的河长制度，有效地解决了当地复杂的水问题，保护了都套河的生态环境。第四，村里种植着大量果树和观赏型花树，村庄的绿化覆盖率达到60.52%。第五，2022年上半年青州村全体居民人均可支配收入达14968元，比上年增长8.5%，且呈逐年上涨趋势。

3. 文化建设方面

青州村一直有端午节赛龙舟的传统。每年端午节前后，在上街镇溪源江袁岐头段，来自青州村、中美村、浦口村等周边村庄的20多支龙舟队自发聚集于此开展比赛。在龙舟制作过程中，青州村有不少特别的仪式，寓有讨得吉利之意，其中以龙舟的下水仪式最具特色。作为当地的特色文化，龙舟制造技艺的传承创新具有重要的意义。

（二）城乡融合与发展后劲有待加强

1. 村民及社会力量参与度较低

与全国一样，近年来当地区域经济社会发展取得了较大成绩。然而，在青州村的发展建设过程中，政治动员和政府投入较多，社会资源动员不足[①]，广大村民和社会力量对推动青州村发展振兴缺乏应有的热情与责任感。尤其是部分村民只把推动青州村发展振兴作为一项任务来完成，而不是积极主动地开展工作。与此同时，当地相关社会组织数量较少，且规模、质量参差不齐，难以有效推动青州村的发展振兴。近年来，当地社会力量的参与形式，主要是村域内个别企业面向村民公开招聘，或者是个别志愿者服务组织开展专项志愿活动。这些活动的覆盖面有限，对于青州村的整体发展来说作用不大。

2. 产业持续发展能力不强

随着青州村越来越多的产业走向市场，产业可持续发展能力

---

① 程明、钱力、吴波：《“后扶贫时代”返贫治理问题研究》，《重庆理工大学学报（社会科学）》2020年第3期。

偏弱的问题也越来越明显。尤其是当前青州村大部分渔业产业集中在捕捞、养殖等传统生产环节，停留在向市场提供初级产品阶段，不仅农副产品加工和市场不发达，而且没有形成规模化、产业化和品牌化生产，辐射带动效应和市场竞争力不强。此外，近年来，凭借靠近大学城的独特区位优势，青州村逐步发展形成了学生街商圈，但存在消费群体过于单一、消费水平明显偏低、商圈环境一般等情况，导致庞大客流与“短命”商铺的悖论现象出现，制约了商圈的发展。

3. **群众返贫和致贫风险较高**

2019年中央一号文件明确指出，要减少和防止贫困人口返贫，研究解决收入水平略高于建档立卡贫困户的群众缺乏政策支持等新问题。相关研究将返贫原因归纳为因灾返贫、因病返贫、因事返贫、因学返贫、因赌返贫、因老返贫六个方面。① 就青州村而言，导致群众返贫和致贫风险提高的原因主要有因病返贫、因事返贫、因老返贫。

因病返贫是脱贫人口再返贫和致贫的重要原因。虽然青州村地处省会城市周边，可以享受到丰富的医疗资源，但是小病的花费仍然不少；大病、重病则可能是灭顶之灾，“辛辛苦苦奔小康，得场大病全泡汤”是非常贴切的概括。如果是家中的青壮年劳动力生了大病、重病，往往会引发“病倒一个人，垮了一个家”的连锁反应。② 如当地居民涂某年近五旬，是四口之家的主要劳动力，因近年来被查出患有胰腺炎、糖尿病，导致家庭收入多用于治病，再返贫风险较高。

---

① 卜海：《我国脱贫再返贫防范机制的建立和运行问题研究》，《江苏师范大学学报（哲学社会科学版）》2018年第6期。

② 鲁成：《贫困地区返贫成因及其治理对策研究》，《开封文化艺术职业学院学报》2020年第5期。

因事返贫，尤其是因婚返贫在青州村较为突出。近年来青州村的“天价彩礼”有愈演愈烈之势。一般情况下，当地彩礼大多在20万元以上。虽然福州市农村居民人均可支配收入呈逐年上涨趋势，如2019年为21320元，2020年为22669元，2021年为25201元，2022年为26826元，但仍处于较低水平。因此，不少村民“办事时喜气洋洋，办完事哀声连连”，甚至因此引发家庭矛盾导致婚姻破裂等。

因老返贫问题近年来在青州村也屡见不鲜。青州村人口老龄化严重，有些老人因丧失劳动能力而返贫。他们在20世纪90年代属于贫困户，又是中壮年劳动力，能够依靠相关政策帮扶以及自己的辛勤劳动而逐渐脱贫。但随着年龄的增长，他们难以继续进行强度较大的农渔业生产或其他体力劳动，收入随之减少，因此可能重新返贫。

（三）坚持走绿色低碳高质量发展之路

1. 坚持走绿色、低碳发展道路

乡村振兴战略是包括生态振兴和产业振兴在内的全面振兴，必须巩固拓展脱贫攻坚成果，坚定不移走生态优先、绿色发展道路。从发展振兴的内外因看，产业振兴主要是为了解决当地村民自我发展问题，着力解决物质上的贫困和多样化需求；生态振兴则是为了解决发展质量、如何实现可持续发展问题。因此，青州村要防返贫、实现全面振兴，必须通过转变观念、坚持绿色发展道路，实现“两个转变”。

一是要创新绿色发展道路，实现“绿水青山”向“金山银山”的转变。[①] 特别是要盘活闲置的资源与资产。“农村绝不能成为荒

---

① 杜庆昊：《从乡村振兴战略视角构建减贫治理体系》，《马克思主义与现实》2021年第4期。

芜的农村、留守的农村、记忆中的故园。”随着大学城建设及其城镇化的快速发展，青州村大量青壮年劳动力持续“外流”，出现了“人走房空”等现象。因此，要充分利用乡村旅游这个契机激活青州村闲置资源与资产，把发展乡村旅游作为巩固拓展脱贫攻坚成果和推进乡村全面振兴的重大举措，支持社会资本、村集体经济组织和农户完善利益联结机制、合理盘活闲置农房及宅基地，尤其是要按照“一店一品”携手打造商业民宿，大力发展民宿经济等新业态，推动青州村资源变资产和跨越式发展。

二是要提升产业发展质量，实现传统式“输血”向市场化“造血”转变。想要真正实现青州村稳定发展振兴、防返贫，必须培育和打造高质量的现代产业，努力提升“自我造血”功能。这就要求：

（1）产业选择“科学化”。以“一村一业”“一村一品”的方式，引导青州村因地制宜发展特色产业，推动产业发展从“依靠经验”向“依靠科学”转变。尤其是要借鉴已有经验，因势利导，科学指导青州村错位发展特色、优势产业，避免产业的低端同构化。

（2）产业经营“链条化”。要积极开展村企合作，推动企业资金资源、市场资源等与青州村产品资源的精准对接，创建“龙头企业新型经营主体农户”模式的农业产业联合体。特别是要延长产业链条，实现标准化生产、精细化加工、多元化营销，推动一、二、三产融合发展，更好参与二、三产业的利益分享与发展机会。

2. 进一步凝聚政府与社会力量

青州村的发展振兴是一项系统工程，需要全体村民的积极参与并凝聚强大的社会力量。这里的社会力量，是指能够参与、作用于社会发展的基本单元，包括社会组织、地方政府、企业等。①

---

① 王楠：《“三社联动”的社区治理与服务创新分析》，《科学咨询》2017 年第 40 期。

（1）政府部门。政府部门是青州村发展振兴不可或缺的根本力量。相关研究结果表明，以政府为主导、以农民为主体、全社会共同参与的乡村发展振兴模式的实践效果，关键取决于政府主导作用的发挥。[①] 当地政府应全面认识自身在青州村发展振兴中的职责和应有作为，全心履责、积极作为，充分发挥政府的主导作用，加快青州村发展振兴的进程。为了推进青州村发展振兴，可以从两个方面发挥政府主导作用。

首先，努力推动与社会资源的紧密结合。[②] 政府要鼓励、引导相关企业，特别是当地涉农龙头企业参与青州村发展振兴，对参与企业在资金扶持、贷款贴息、土地流转、基地建设、兴办产业协会、专业合作社等方面给予重点倾斜，大力推广“公司＋合作社＋专业农户/渔民”的现代农业产业发展模式。同时利用青州村优良的生态环境，开展乡村旅游，促进绿色生态与社会力量结合，投资集绿色生产、绿色生活、绿色休闲等于一体的生态农业和美丽乡村建设。

其次，加强基本公共服务统筹。推动青州村定点医疗机构医保信息化建设，强化智能监控全覆盖，加强医疗保障基金监管。实施新一轮学前教育行动计划，多渠道加快青州村普惠性学前教育资源建设，扎实推进青州村学校共同体建设。健全分层分类的社会救助体系，切实保障困难农民群众基本生活。健全基层干部关爱联系制度，经常探访当地空巢老人、留守儿童、残疾人。

（2）社会组织。社会组织是青州村发展振兴中不可或缺的有生力量。社会组织的成员来自社会各界，可以根据自己的专业特长在青州村发展振兴中发挥作用，具有强大的动员乃至感召能力，既能潜移默化地让更多人关注青州村、参与青州村建设，也能在

① 阮文彪：《乡村振兴中国模式及政府作为》，《现代经济探讨》2018 年第 6 期。
② 房红梅：《助力乡村振兴　建设美丽家园》，《新长征》2021 年第 10 期。

润物无声中提升村民对青州村的认同感。为了推进青州村发展振兴，可以从两个方面凝聚社会组织力量。

首先，提高参与青州村发展振兴的社会组织的数量。尤其是要进一步完善相关激励政策，例如，支持社区工作者参加社会工作职业资格考试等，推动对取得社会工作职业资格的人员给予职业津贴，探索类似“时间银行”等兑换奖励模式。

其次，提升社会组织参与青州村发展振兴的质量。一方面要畅通渠道，创新基层与社会组织、社会工作者、社区志愿者、社会慈善资源的联动机制，让培训交流、典型示范、项目指导等更健全高效，既准确对接村民需求，也更快提高基层组织能力；另一方面也要设置负面清单，强化监督。

（3）企业。企业是青州村发展振兴中不可或缺的重要力量。企业作为营利性组织，在资金、产业、市场等方面具备优势和有利条件。因而，企业作为社会力量的重要组成部分，通过市场推动青州村发展振兴，既能可持续地促进青州村产业的发展，又能有效地保证村民的利益，表现出顽强的生命力，在产业振兴中大有可为。为了推进青州村发展振兴，可以从两个方面发挥企业优势。

首先，坚持高位推动并建立一套规范化的组织体系。这是企业在乡村振兴战略中充分发挥作用的重要基础。在具体工作的执行上，需要设置专门化的企业社会责任部门，委派专人开展相关工作，以便企业可以切实行动起来，更好回应青州村发展振兴的需求。在具体人员的安排上，由企业高级管理者兼任社会责任工作部门的领导，主导或参与青州村发展振兴专题工作的总体规划，能够将青州村发展振兴的目标提升到企业发展的战略高度，最大程度地动员企业内部力量参与青州村的发展振兴。

其次，建立公益资金计划制度。目前，企业推动青州村发展振兴的常规做法仍是针对突发的单一事件或政府的阶段性目标进行慈善捐赠。即使数量非常大，也还是缺乏连续性，无法保障资金的长期成效。相比之下，更有效的做法应是在企业中广泛建立公益资金计划制度，制定详细预算，将企业每年的盈利与青州村发展振兴的公益资金挂钩，提前做好下一财年公益资金支出计划，使企业公益资金可以持续投入青州村发展振兴中，为实现共同富裕助力。

3. 妥善挖掘、利用好高校资源

青州村靠近闽江学院、福建医科大学、福建中医药大学，拥有便利的交通条件和丰富的高校资源。加快推动青州村的发展振兴是闽侯县实施国家乡村振兴战略的具体表现，是扎实做好“三农”工作的重要环节。建议挖掘和发挥青州村第三产业需求和发展潜力较大等方面的优势，努力为高校发展提供高质量服务与支持。① 特别是近年来周边高校相关服务的需求有较大缺口，这正好给青州村的发展振兴提供了独特的机遇。为了更好地服务各大高校，一方面青州村可建立有较高服务水平和质量保障的服务合作社，以统一品牌对接和服务高校，形成统一规划、统一经营的发展与经营管理模式；另一方面青州村要建立健全对服务合作社的监督管理体系，通过采取合理的监督审查，保证服务质量和收益，助力当地服务业发展和乡村振兴。

尤其是要挖掘和发挥高等院校科学研究与社会服务等方面的优势，为青州村发展振兴提供人才与智力保障。一是要围绕青州村发展振兴，加大培养培训专业人才的力度。通过发挥相关试验站、实践基地或创业创新等平台的作用，加强对当地居民的理论与实践教育，尤其是实用技术和实践能力锻炼，并将高校众创空间、创业孵化器、科技园区等创业资源注入青州村，改善青州村的发展创业生态；二是要充分发挥高校、政府、企业、村民等要素资源优势，按照产业兴旺、生态宜居、乡风文明、治理有效、生活

① 潘征主编《乡村振兴的老区苏区实践》，中国农业出版社，2022。

富裕的总要求，积极推进相关领域政产学研等的合作，把新技术、新成果、新业态和新模式引入青州村，实现产业链延伸、价值链提升、供应链贯通，不断提高发展质量和综合效益。

三、推进特色产业振兴

连江县东岱镇东水村地处敖江入海口，是连江县连家船民的主要聚集地。在各级党委和政府的关心、引导下，东水村连家船民依托自身辛勤劳作及独特的资源环境等，走上了脱贫致富的光明道路，在发展生产、提高生活水平和建设乡村文化等方面成为宜居宜业和美乡村建设的典型。这里着重就新形势下如何利用好自身独特优势实现持续发展振兴，走出一条具有沿海渔村特色的乡村振兴之路进行研究设计。

（一）渔业发展历程及基本特征

在党和政府的帮助与引导下，东水村经过几十年的发展建设，取得了巨大成就，尤其是渔业捕捞方式由落后走向成熟、由盲目捕捞转向科学生产，正朝着高效、安全、可持续方向大步前进。

1. 快速发展阶段

在新中国成立前，东水村连家船民常年漂泊在近海内江，每户只依靠一条小船和简单的捕鱼工具生产生活，过着“上无片瓦，下无寸土”的艰辛日子，还面临着地主和资本家的剥削压迫。新中国成立后，尤其是1953年至1957年间，东水村的连家船民通过互助合作极大地提高了生产能力。渔民互助合作组成立后，在党的领导下，团结贫苦渔民，将主要作业工具小船小网升级成为大船大网，由内江作业发展为外海作业，而且贯彻了“多劳多得”的分配原则，大大调动了渔民的生产积极性，渔获产量大幅提高，也促进了连江县渔业的快速发展。

1958年至1965年间，东水村在集体化的道路上又向前迈进了一步。特别是添置了载重35吨的大船，并恢复按劳取酬，试行大围缯生产；还在上级的统一组织下，将常年作业的海域由东海近海转移到浙江、山东、江苏、广东等地。20世纪60年代，东水村有载重15吨的大船23艘、机帆船4艘，载重30吨的大船45艘，是被列入县渔区经营管理的63个大队之一。

2. 徘徊不前阶段

1966年至1976年，东水村的渔业生产徘徊不前。由于采用大围缯作业、延绳钓鱼以及渔船的动力化生产，渔获量略有回升。但靠增船增网来维持产量也损害了经济鱼类，加上资源利用不尽合理，渔业产量明显下降。20世纪90年代，东水村的渔业经济随着海洋资源的衰退逐步停滞，各方面矛盾凸显，渔民的积极性下降，纷纷转产转业或外出谋生。海洋捕捞船只由最高峰时的上百艘逐渐缩减到36艘小木船，甚至“东水延绳鳗钓”[①] 这一世代赖以生存的产业也难以为继。

值得欣慰的是，连家船民艰难求生的日子终于在20世纪80年代后发生了巨大改变。尤其是1980年，在各级党委、政府的关怀和有关部门的支持下，当地征用了120亩滩地规划建成了目前的东水村，525户2021人陆续上岸定居。随着20世纪90年代全省“造福工程”的开展，连江县最后一批连家船民也在1998年上岸定居，从此结束了海上漂泊的日子，住进了新家园。此后，在相关部门的大力支持和指导下，东水村积极探索、逐步发展前往帕劳群岛

---

① “东水延绳鳗钓”是在一根绲线上，每隔6米系一根支线，并且在支线末端挂上鱼钩，通过放钓、起钓、理钓循环作业钓鳗鱼。每条支线上可以挂上不同标准的鱼钩，如60钩、72钩、80钩等。这种钓鳗方式产量高的时候一天可以捕获3000多千克鳗鱼。“东水延绳鳗钓”较之拖网捕鱼等作业方式，对渔业资源与生态环境的危害较小，能让鳗鱼休养生息，可以实现可持续发展。

等地捕捞鳗鱼、带鱼、金枪鱼等远洋渔业。

3. 恢复发展阶段

进入21世纪，东水村渔业发展迎来了恢复发展的曙光。为了挽救“东水延绳鳗钓”这一支柱产业，2008年，东水村提出了“提升经济实力，搞活渔业生产”的发展目标，制定了中长期渔业发展规划，鼓励、扶持渔业发展建设。在这一思路与目标的指导下，东水村通过立足当地资源优势，实施科技兴渔战略，优化渔业结构；同时调整捕捞作业区域，积极组织渔民拓展闽东北外海渔场，鼓励渔民转浙生产，牵头办理捕捞许可；着重发展延绳钓这一有利于渔业资源保护的作业方式，并且优化生产扶持渔业发展；积极为广大渔民争取低息贷款，牵头协调船网工具指标合并，加快木改钢、小改大，新建大马力钢制渔船27艘，并采取一系列机械化改造，增加渔船的高科技设备，有效促进了渔业科学、高效、安全生产。此外，为加强海洋生态和渔业生产环境保护，加大海洋环境污染整治力度，福州市财政局与福州市海洋与渔业局于2018年发放了省级海洋与渔业保护及发展专项补助资金，促进了当地渔业发展升级与生态环境保护。

经过20多年的发展建设，东水村已有40米长的现代化大型渔船29艘，形成了一支远洋渔业大军；随着科技装备的提升，东水村捕鱼的区域也不断扩大；船只也实现了现代化管理，台风来临前岸上通讯站会及时联系船只靠岸规避。当前每条船上有船员13～15人，一天最高产量可达300筐，船员年收入可达13万～15万元。此外，由于东水鳗鱼制作的鱼丸口感好、味道鲜，当地连家船民还通过捕鳗鱼制鱼丸来发展振兴传统产业。据介绍，东水村的鳗鱼产量位居连江县之首，年销量超过5000吨，将近一半用于制作鱼丸，其余用于做鱼糜、鳗鱼丸、炸糟鳗、鳗鱼干等。利用“东水延绳鳗钓”这一优势，东水村发展成为福州闻名的“鳗钓第一村”。

（二）发展升级比较优势与困境

1. 主要优势

（1）资源环境优势。福州是中国鱼丸之都，连江是福州鱼丸的发源地和主产地。目前连江是全省第一、全国第二水产大县，东水村则是连江县鳗鱼产量第一大村，这离不开其优越的地理位置及其传统的“东水延绳鳗钓”捕鱼方式。东水村的鳗鱼大多用来制作鱼丸，这也为东水村带来了良好的经济效益。未来连江县可大力发展鳗鱼养殖、捕捞和鱼丸制作产业，努力打造区域特色品牌，做大做强区域特色产业，促进经济社会高质量发展。

（2）技术方法优势。为了促进渔业可持续发展以及生态环境保护，农业农村部发布了关于伏季（每年 5 月 1 日 12 时至 8 月 16 日 12 时）休渔的法律法规，规定除钓具外的所有作业类型，以及为捕捞渔船配套服务的捕捞辅助船禁止进行作业。而东水村的“东水延绳鳗钓”属于钓具捕鱼，因此不受休渔期限制，一年四季都可以捕捞。这就为东水村增收致富提供了技术保障。

（3）交通区位优势。东水村位于敖江入海口南岸、东岱街与蝉步村之间，北与浦口镇隔江相望，距县城直线距离 18 公里，是连江县城的东大门和通海咽喉。近年来，随着当地相关基础设施的建设，特别是公交线路通至东水村后，东水村居民与连江县城乡居民进行贸易往来更加方便了。据悉，现在东水村设有东水村公交车站，有 6 路、12 路公交车直达连江县城，半个小时即可抵达连江县客运站，交通出行较为方便。

2. 制约因素

目前东水村渔业可持续发展也面临一些突出问题与制约因素，发展后劲明显不足。

（1）土地资源缺乏，人口流失严重。东水村全村土地面积仅 120 亩，土地资源缺乏，无法大规模从事种植业以及滩涂养殖，村民主要从事捕捞，就业渠道狭窄。由于东水村距离连江县城仅18公里，因此不少年轻人为了追求更加舒适的生活环境、让下一代接受更好的教育，大多前往连江县城就业并购买商品房定居，这就加剧了东水村人口的流失。

（2）收入来源受限，劳动力较紧缺。村民的主要收入来源是捕捞，而捕捞主要是采用延绳钓鱼的方式。这种方式虽然对环境危害小，但是操作较为复杂，学习周期较长，而且出海作业时间长达45天左右，每天的劳动强度大，许多年轻人不愿意从事这份工作。因此，缺乏年轻劳动力是东水村捕捞作业面临的一大难题。如果这个问题无法解决，延绳钓鱼这种捕捞技艺可能会失传。

（3）产业结构单一，产业链条较短。渔业是东水村的支柱产业，全村大多数产业都与渔业相关。但渔业的产业链条较短，还停留在初加工环节，技术含量不高，缺乏市场竞争力，容易受到渔获价格和渔业资源丰富程度的影响，造成产业发展后劲不足、产品附加值低等问题。

（三）渔业振兴路径与策略选择

1. 弘扬连家船民文化，提升村民的认同感和向心力

新形势下，东水村要持续发展振兴，离不开全体村民的共同努力，尤其是吸引更多青年返乡投入家乡建设。总体而言，青年一代接受了更多的教育，拥有更加丰富的知识、更强的技能与更好的学习能力，他们可以将自己所学所长运用到实现东水村发展振兴的新征程中。因此，应加大力度发掘和宣传连家船民昔日在水上生产生活的历史以及文化习俗等，创新连家船民文化的发展与传播方式，合力弘扬“疍民精神”①，让年轻村民深入了解和感

① 刘龙腾、王良：《实施渔村振兴：借鉴、路径与政策》，《海洋开发与管理》2019年第8期。

受连家船民曾经的艰辛与悲苦，珍惜现在来之不易的幸福生活，同时激发青年一代对家乡的认同感、责任感和向心力，愿意投身家乡发展建设与文化传承创新，为宜居宜业和美乡村建设作出自己的贡献，在实现个人价值的过程中帮助家乡更好更快发展振兴。

2. 延长产业链条，提升渔业的附加值

东水村要想实现可持续发展，归根到底还是要依托自身资源与环境优势。当前年轻劳动力缺乏的主要原因是东水村及东岱镇不能提供合适、足够的工作岗位，因此必须努力将东水村单一产业延长、升级至多元化产业。一方面，可通过适当加工使海产品的附加值提高。连江沿海乡镇不乏海洋食品加工厂，东水村可以结合自身实际，学习其他乡镇海洋食品厂的发展建设经验，合作建设村级海洋食品加工厂；还可以将鳗鱼等海产品进行精深加工，做成鳗鱼罐头、鳗鱼糕、烤鳗等，延长其产业链，提高鳗鱼产品的附加值。另一方面，东水村可以依托鳗钓、鱼丸制作等进行适度开发与创新，以数字赋能，全力推进电商物流的发展，培养本土网红主播①，拍摄从延绳鳗钓到鱼丸制作全过程的短视频，使线上线下同频共振，拓展东水村鱼丸的销路与潜力，从而带活农村、带富村民；同时科学发展渔村体验作坊，让来连江旅游的游客体会制作东水鳗鱼鱼丸的乐趣与独特魅力，这也有助于提高产品的附加值和销量，增加东水村居民的收入。

3. 扩大动员培训，持续增强产业发展振兴的后劲

2018 年以来，连江县税务局先后与浦口镇益砌村、东岱镇东水村、官坂镇合山村开展共建帮扶，向村民宣传、解读涉农税收优惠政策，积极指导、帮助企业不断发展和完善产业链。东水村应当主动加强与共建单位等的联系，加强和改进对东水村村民的

① 蓝鹭辉等：《革命老区上杭县数字乡村发展的路径探讨》，《台湾农业探索》2022 年第 1 期。

各项动员培训与配套服务工作，将自身学习建设与国家和有关部门、社会组织等扶持引导相结合。[①] 建议积极宣传、大力促进年轻人返乡发展创业，对青年返乡创业和从事渔业工作的，进行政策上的扶持以及资金上的补助；还应发挥广大村民的主观能动性，鼓励村民对东水村现阶段发展问题提出建议并共同研究解决，合力创建一个更加宜居的现代化美丽乡村。[②] 尤其是要依托当地特有的连家船民文化，如东岱疍民文化公园等，发展特色旅游；还可与其他地区（或项目）发展联动，如现藏于福建省博物馆的迄今全省发现的最早的独木舟便是1975年在东岱镇山堂村发掘的，东水村可以挖掘其背后的文化意蕴，促进农旅、渔旅、文旅多元融合；同时注意加强旅游产品的开发与宣传营销，精心策划旅游精品线路，促进旅游产品消费，打造全域旅游链，为文旅经济与渔村全面振兴赋能。[③]

4. 依托政策优势，因地制宜发展创新特色产业

“十四五”期间，东岱镇以建设“环境优美、适宜人居、经济繁荣、社会和谐的现代化新东岱”为总体奋斗目标，东水村可依托连江县，特别是东岱镇的建设思路与目标，与连江县及东岱镇一同前行。尤其是要在财政政策等的支持引导下，坚持海洋渔业一二三产业同步发力、融合发展。在现代产业培育与发展建设方面，要培育、壮大党支部领导下的东水村渔业合作社，逐步延长产业链条，不断强化品牌意识和创新创业精神，打响东水村鳗鱼

① 潘征主编《乡村振兴的老区苏区实践》，中国农业出版社，2022，第3—14页。

② 刘亚迪、余连祥、冷华南：《乡村振兴战略背景下现代渔业发展优势、问题及政策分析——以浙江省湖州市南浔区渔业发展为例》，《海洋湖沼通报》2020年第5期。

③ 邹琰等：《乡村振兴战略下渔业绿色高质量发展路径研究》，《农业科技管理》2020年第5期。

和鱼丸品牌，引领东水村渔产实现高质量发展，同时促进、提升“海连江”产品的竞争力与影响力。在与旅游业融合发展方面，要充分挖掘、进一步发挥旅游资源优势与发展潜力，全力提升旅游基础设施和旅游产品质量，加快建设具有当地特色的集“自然＋生产＋休闲＋游乐”于一体的现代渔业综合体模式，既助力连江县打造全域旅游，也为东水村和区域经济高质量发展增添动力。①

① 林巧、张信国、肖威：《绿色渔业视角下海岛渔村振兴路径研究——以舟山市为例》，《浙江海洋大学学报（人文科学版）》2018年第5期。

第六章

福建连家船民独特文化的传承与发展创新

连家船民独特的生产与生活方式催生了极富特色的音乐文化——疍民渔歌，如今连家船民已定居岸上、融入陆地，如何保护和传承疍民渔歌等民俗文化，成为乡村振兴战略背景下相关地区文化工作者面临的重要现实问题。这里简要总结、归纳迄今疍民渔歌的发展历程、主要传承渠道、保护方式以及保护过程中遇到的问题与经验等；着重梳理、把握福州市台江区文化馆在疍民渔歌传承创新工作中的实践经验和工作成果，分析、把握这一工作所面临的问题，提出解决方法，发掘其发展规律及其和新时代乡村振兴的关系。

一、乡韵文创助振兴

乡村振兴既要塑形，也要铸魂，各方面都要努力发展推动。乡村文化振兴不仅是实施乡村振兴战略的应有之义，而且对于人才振兴、生态振兴、组织振兴等具有重要的引领和推动作用。因此，实施乡村振兴战略需要更加注重发挥文化的作用，以文化建设助力乡村振兴。

经历多年漂泊，连家船民终于在政府的关心与帮扶下“搬上来”“住下来”“富起来”，如今，多方力量也为连家船民及其文化的新生不断努力。

政府及社会各界力量重视连家船民的历史文化变迁与传承发展，对于连家船民而言意义重大。做好连家船民文化的保护和传承工作，既是对连家船民的尊重和关怀，更是对中国乡土文化的珍惜。通过感受到大众的关注和欣赏，让连家船民为自己的文化而感到骄傲，可以增强他们的凝聚力，更好地为连家船民谋发展。

乡村振兴背景下，为了进一步推动乡村文化事业发展，需要从实际出发，根据乡村所具备的独特资源开拓振兴事业。在此背景下，要想把连家船民群体及其定居乡村建设成为宜居宜业和美乡村，需要努力挖掘其潜在资源，继承和发扬好疍民渔歌等乡土文化，借助乡村音乐中特有的文化传统和乡土情怀凝聚人心，促使人民群众齐心协力，共同加入到乡村建设与发展振兴中来。这无疑有利于进一步激发经济发展活力，推动乡村振兴战略目标的实现。①

二、旧曲新唱情更浓

福州市台江区文化馆是国家二级文化馆和福州市非物质文化遗产保护中心，多年来一直致力于传承福州地区的各项文化遗产，其中疍民渔歌现已被评为省级非物质文化遗产。多年来，台江区文化馆的工作成果得到了人民群众和有关单位的表彰与认可。毕业于闽江学院蔡继琨音乐学院、就职于该馆的李传学近年来致力于学习、研究和宣传推广疍民渔歌，曾多次深入连家船民上岸定居乡村实地调研，并根据资料和采风成果谱写和改编疍民渔歌等，为疍民渔歌这一非物质文化遗产的保护和传承推广贡献了重要

① 张帆、张欣：《乡村振兴背景下乡村音乐的文化传承与创新发展研究》，《农业经济问题》2021 年第 8 期。

力量。

疍民渔歌主要有三种，分别为“盘诗”“贺年歌”和“采莲鼓”，歌词以日常生活中的感受和对话为主，前四句或八句重复，而后即兴演唱，伴随着摇橹的节奏和律动，在江中放声歌唱，释放着饱满的情感。

“江上渔歌/唱不尽咯/鱼香米香/水也香咯”，清澈的童声将我们带到摇晃着的渔船之上，在江风中体会连家船民生活的酸甜苦辣。2021年，由李传学作曲的这首《疍家新歌》一经推出，就引起了热烈反响。歌曲以儿童视角讲述了连家船民在党的领导帮扶和自身努力下脱贫上岸的故事，将传统疍民渔歌的曲调与现代的曲风相结合，让朴实且生活化的渔歌经专业改编后焕发出新时代的生机与活力。

“一条破船渔网藏，祖孙三代挤一舱”，凝练的歌词概括了江上生活的不易。过去，连家船民过着“上无片瓦，下无寸土”、如浮萍般的漂泊生活。据老连家船民回忆，连家船船头仅有4平方米的空间，船尾仅6平方米，作为吃喝拉撒等日常活动的地方，而狭窄的船舱则是一家七八口人的卧室。由于长期佝偻于低矮的船舱之中，连家船民的体态也发生了改变，往往有罗圈腿，因而被人称为“曲蹄”，受到岸上居民的歧视。而极强的流动性也让连家船民被当时各地的官府排斥，即便碰到危及生命的情况，也无法向官府寻求帮助。

新中国成立后，尤其是1991年3月，时任福州市委书记习近平同志带领有关部门实地调研连家船民的生产和生活后，制定了一系列惠及连家船民的政策措施，积极推动连家船民上岸生活、就业、学习，还为连家船民提供了医疗卫生服务，切实地提高了连家船民的生活质量和幸福感，终于“盼来新生见太阳，新街新厝换新妆”。“挺直的双脚一步步迈向远方”形象地刻画了连家船民身心舒展、充满希望的面貌。这首《疍家新歌》在2021年演出

疍家新歌

1= B $\frac{4}{4}$

林鸿坦　词
李传学　曲

画外音：1997年习近平爷爷任福建省委副书记期间，多次下基层调研福州疍民的生活问题，并主持召开连家船民上岸定居现场会，研讨上岸定居政策。经过几年的艰苦努力，全省数万人告别了风雨飘摇的生活，过上了安稳日子……

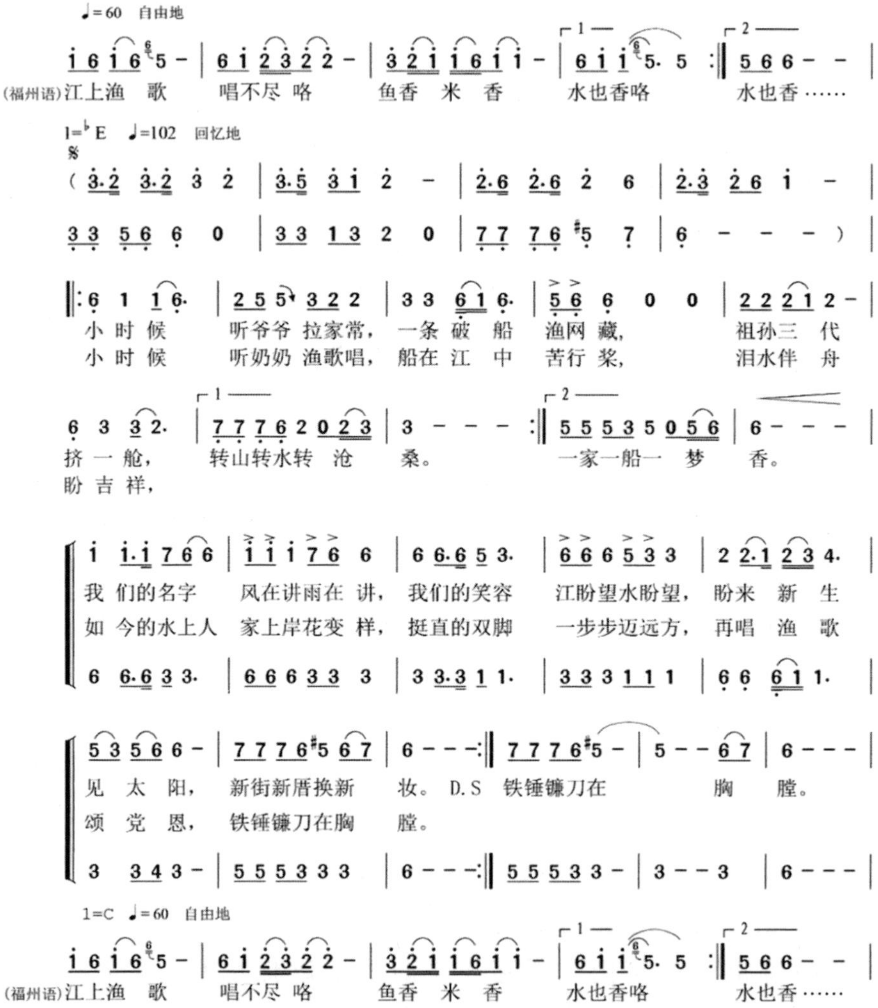

《疍家新歌》 曲谱

30余次，还走出福建参与国内多项大型民歌活动，将福建连家船民的故事和文化带入更多人的视野。

2022年，李传学再度谱写疍民渔歌的新时代旋律，推出歌曲《水中厝》，聚焦连家船民曾经的困苦，歌颂当下生活新气象。歌曲从少年的视角出发，诉说了少年和妹妹对岸上孩子能在明亮的教室里学习的羡慕之情，少年对幸福生活充满向往，但现实很残酷，难以改变。直到“一九九一年的那个春天”，这一切出现了转机，连家船民也开始在岸上拥有了自己的房子，真正在这片土地上扎下根来，孩子们也如愿拥有了自己的房间，进入学校接受教育，幸福生活的阳光终于照到了连家船民的身上。这首歌饱含情感，真挚动人，旋律和歌词相辅相成，唱出了连家船民面对贫困的无奈、对美好生活的向往和获得新生的欢欣。

李传学和台江区文化馆的工作人员还另辟蹊径，采用沙画的方式为歌曲制作短片。在最后的成片中，我们可以看到，沙画与连家船民这一题材碰撞出了不一样的火花，寥寥几笔便描绘出连家船民在水上的生活图景，颇有意蕴；而沙画缺乏色彩这一特点，更好地表现出连家船民生活的艰辛和苦痛，让整首歌曲的感情基调更加突出，感染力更强。

三、新机遇与新气象

在保存和传承连家船民文化的道路上，越来越多的组织或个人加入进来。福州市国货路小学就和台江区文化馆达成了合作，在学校建立了一个疍民渔歌传承基地，同学们在课余时间积极学习疍民渔歌，为传统文化的传承发展注入了新生力量。前文提及的《疍家新歌》就是由国货路小学疍民渔歌传承基地的孩子们表演和录制的。这一优秀作品成功的背后是孩子们的刻苦练习与认真拍摄。当初主动报名的同学很多，经过多轮选拔和较长时间的培训，才组织起一队有艺术天赋、勤奋认真的孩子作为歌曲的表演者；孩子们学习、掌握的速度很快，短短两周时间就完成了录制。从整体上看，所有孩子的动作整齐划一，服装精致；仔细看每个孩子的表现，个个精神饱满，认真对待每一个动作，表情也灵动鲜活；孩子们的歌声更是清澈优美，稚嫩的童声唱着连家船民的生活，洗涤着人们的心灵。

四、面临问题与挑战

通过调研，我们发现疍民渔歌等文化习俗的传承与发展创新工作也颇有难度。首先是年龄问题。30 多年前连家船民就已陆陆续续上岸，他们后代中的年轻一代大多对过去的船上生活没有深刻的记忆，而老一辈连家船民多为耄耋老人，不少已经去世，仍在世的老人也因年事已高，难以回忆过去的生活细节。其次，由于连家船民过去社会地位低下，备受岸上居民的歧视，加之生活贫苦，因而许多连家船民都不愿再回忆那段痛苦的时光，甚至不愿承认自己的连家船民身份。再次，大部分地区的连家船民上岸后已经融入了岸上居民的生活，没能很好地保留过去在水上的生活习惯和渔歌等文化传统。值得注意的是，闽侯县龙祥岛上的一批连家船民上岸定居后仍时时聚集在一起唱渔歌，还加入了二胡等乐器作为伴奏，女性连家船民所唱曲调婉转动听，男性连家船民所唱曲调豪迈高昂，有极强的感染力。这些成为研究和传承连家船民文化的宝贵资料。

除了作曲，李传学还和台江区文化馆的工作人员一起排演表现连家船民生活的剧目。在访谈中，李传学坦言他来自山东，听不懂渔歌中的方言，这给他的工作带来了一些困难。为了唱好渔歌，他向台江区文化馆下属合唱团的长辈请教福州话的发音，跟着他们一遍遍地练习，最终成功完成了这一剧目。值得一提的是，他们还将福州传统打击乐器——狼串融入剧目。狼串的独特鼓点为疍民渔歌带来了丰富的节奏，助力其向大众展示连家船民文化和福州文化的魅力。

五、进一步传承创新

文化具有强渗透、强关联的效应，加强乡村文化发展建设，可以实现以“文”化产业，推进文化与农业、旅游业等产业的深度融合对接。深入挖掘乡村文化资源，可以赋予农产品乡村文化的内涵，提高农产品的文化品位与吸引力①，进而提升农产品的收益。对具有鲜明区域特点的乡村文化资源进行深度开发和利用，可以发展出差异化的文化旅游产业。

独特的生产生活方式、民俗和富有生命力的渔歌，这些连家船民文化的重要组成要素如果能深入挖掘、整理并加以科学合理的开发与发展创新，无疑能带来不一样的体验，可以引来游客，带动乡村由传统渔业向效益更高的旅游服务业转变，促进渔村的繁荣和振兴。② 建议积极培养和引进乡村振兴人才，针对渔村的发展现状、优劣势开辟发展新路，为乡村振兴注入原动力。为此，笔者通过分析、总结相关案例以及连家船民文化的特点与趋势，提出以下对策建议。

1. 推动优秀传统乡土文化多元融合发展

将疍民渔歌、连家船民文化、渔村风景等深度结合，打响“连家船民”这一文化品牌。当今时代，酒香也怕巷子深，对于连家船民文化这一宝藏，更应深挖其内容和价值，加强各表现形式之间

---

① 刘瑞峰：《实施乡村振兴战略要统筹兼顾科学规划》，《前进》2019 年第 3 期。

② 周文斌、蒋小芳：《优秀乡土文化助推乡村振兴的价值意蕴与路径探析》，《南方农业》2022 年第 12 期。

的联系，使其成为一个完整、丰富的总体，并采取合适的宣传营销方式，让人们看到相关元素时脑海中不自觉地浮现出连家船民文化的内容，提高“连家船民”这一品牌的知名度和价值，以此助力当地旅游业、手工业、服务业的发展。

2. 完善乡村特色文化人才的培养机制

乡土文化具有特殊性和地域性，向外推广时有一定的局限和困难。因此，在培养乡村特色文化人才时，相关人员要了解当地的情况、对乡村振兴有一定心得，这样才能更好地选择发展道路，正确而高效地让乡村文化助力发展振兴；同时，相关工作人员还要对乡土文化及其传承工作有所规划，要清楚地知道该文化的魅力所在和如何对外介绍其魅力。在明确了人才要求，建立了综合、专业的团队以后，也要完善团队的薪资和福利制度，保障团队成员的待遇，让团队真心实意地为当地服务，与所培养人才实现长远的合作共赢。①

3. 实现优秀乡土文化传承与发展创新

疍民渔歌等体现出很强的时代特征和区域性，其内容与连家船民的生活相关，而在新时代，连家船民有了新生活，若只是一成不变地传唱旧曲，年轻人难以在情感上产生共鸣。因此，应在记录、保留昔日渔歌的基础上，将渔歌按当下审美取向进行改编。这样既能传承传统文化，又能更好地让年轻一代感受其独特的魅力。只有进行适当创新，为传统文化增添时代特征、区域元素与正能量，才能让传统文化焕发新的生机。②

优秀乡土文化是乡村振兴的源头活水，是乡村振兴的力量之根和发展之魂。优秀乡土文化为乡村振兴塑形铸魂，有助于培育

---

① 潘征主编《乡村振兴的老区苏区实践》，中国农业出版社，2022。

② 李庆华、张博：《全面推进乡村振兴视阈下优秀乡土文化的传承与创新》，《学习与探索》2021年第9期。

乡村振兴主体，实现乡村振兴战略目标。发展优秀乡土文化，对内能让乡村居民发自内心地认同家乡，将有效激励人才返乡为乡村振兴做贡献，为乡村振兴提供不竭动力；对外能吸引消费者、投资者，实现文化助力产业建立、发展、升级、转型。为此，应重视以文育民，发挥乡土文化的治理功能；重视以文富民，探索乡村文化与其他产业融合发展模式；重视以文乐民，丰富农民精神生活等策略，进一步发挥优秀乡土文化助推乡村振兴的作用。

第七章
合力推进福建连家船民上岸定居乡村全面振兴

1997年，时任福建省委副书记习近平同志带队到闽东沿海就连家船民上岸问题进行实地调研，并积极部署、推动实施连家船民“搬上来”“住下来”“富起来”系列工作。1998年底，习近平同志又在福安主持召开连家船民上岸定居现场会。会后，连家船民上岸定居加速。2002年，福建省“连家船民上岸定居”工程总体完成，标志着连家船民结束了风雨飘摇的艰难岁月，开始了崭新的幸福生活。全面实施乡村振兴战略背景下，福建连家船民上岸定居乡村如何进一步发展振兴，努力探索、走出一条有自身特色的高质量发展道路，成为摆在我们面前的新的、不容忽视的重要现实课题。

一、发展基础与趋势

（一）生产生活条件得到巨大改善

1. 居住条件

过去，连家船民的生活空间十分狭窄，一条小小的船只就是几代人的家，世世代代过着“水上漂”的日子。虽然部分连家船民也会设法在江畔建起干栏式民居，俗称“四脚楼”，但所谓的“四脚楼”，实际上就是连家船民先在地上打桩，再把自家的船架在桩上作为房屋，与真正在岸上定居仍有着天壤之别。1998 年 12 月，全省“造福工程”暨连家船民上岸定居现场会在福安召开。会上，习近平同志强调，要彻底解决连家船民上岸定居问题，并把它列为全省“造福工程”的重中之重。随后，连家船民上岸定居被列入福建省为民办实事项目，政府免费提供土地，配套建设道路、供水、供电、通信等基础设施以及教育、卫生、文化等公共服务设施。此外，连家船民上岸建房还能够得到相应的资金补助。①

据介绍，按照“分期分批，全面搬迁”的原则，宁德市先后实施了两轮“连家船民上岸定居”工程，并将“连家船民上岸定居”工程列入“造福工程”项目，采用统一征地、统一规划、统一建房、统一“三通一平”、统一安置的形式，最高给予每人 3000 元建房补助；每个连家船民集中上岸点最高给予 10 万元的基础设施补助，每户连家船民可盖一栋 60 平方米两层的房子，三分之二以上的资金都由政府予以解决。宁德市共完成福安、蕉城、福鼎、霞浦和古田 5 个县（市、区）2.4 万名连家船民上岸定居工作，解决连家船民上岸定居难题，极大地改善了连家船民的居住条件；同时，通过发展滩涂养殖、捕捞、运输、建筑等产业使其有了稳定可靠的收入。至此，连家船民逐步实现了“岸上有房，作业有船”的梦想，走上了幸福之路。

如今，连家船民上岸定居后的生活发生了翻天覆地的变化。以福州市台江区苍霞新城为例，作为连家船民上岸集中居住区，那里居住着许多 20 世纪 50 年代上岸的连家船民。走进昔日统一建设，又经近期提升改造后的苍霞新城，干净整洁的社区环境、日趋完善的配套设施和“五社联动”的治理格局，无一不彰显党和

---

① 叶茂、吴允杰：《国际媒体主题采访活动走进福建　感受中国发展变迁》，中国新闻网 2021 年 5 月 27 日。

政府的关怀，真实体现了当地居民日益提升的生活品质；随着智慧停车、邻里议事亭、社区长者食堂、智能运维中心、党建文化中心、幸福便民驿站等便民利民设施的建立和公共空间逐步完善①，实现了整体居住环境的跨越提升，连家船民记忆中的“艰难困苦”不再，取而代之的是人民的获得感和幸福感。

2. 工作环境

过去，连家船民以水为生，所用渔船是一种古老的小型捕捞作业渔船，一家人挤在一条渔船上向江海讨生活，生活与工作环境异常艰苦。许多老连家船民双腿内弯，有罗圈腿，并伴有风湿病、关节炎等疾病。由于他们生产生活都依靠着小小的渔船，每当遇到台风、洪水等恶劣天气，小小的渔船难以保障整个家庭的安全，溺水等悲剧时常发生。那时，高强度工作和家庭安全等压力常常令连家船民疲惫不堪。

如今，连家船民上岸定居，其就业面也更加广泛，但仍有不少连家船民及其后代继续从事渔业生产经营活动，主要有海上捕捞、滩涂养殖、水产养殖、海鲜贸易等。部分连家船民延长了渔业产业链，进行养殖饲料批发零售、海产品加工、海鲜餐饮等，同时依托渔业资源发展乡村旅游。一些连家船民跳出了渔业的圈子，从事建筑、运输、外出务工等第二、三产业，这极大地拓宽了连家船民的就业渠道与致富途径。为了让连家船民更好地融入现代社会，这些年来政府在政策上帮扶、在资金上支持，使水上作业设施逐步完善，渔港服务功能及船舶安全状况得到了进一步加强，连家船民生产活动中的人身安全等也得到了有力的保障。与此同时，政府还积极推进连家船民后续帮扶工作，帮助其转产转业，加大政策扶持力度，通过小额信贷、税费减免等措施，引导连家

① 叶秋云：《“新城”迎“新生”：从纸褙棚屋到新式小区　福州苍霞新城“蝶变记”》，中国新闻网 2022 年 4 月 19 日。

船民发展，并定期开展有针对性的就业培训、择业指导和就业服务[①]，将连家船民纳入医疗保障体系和低收入保障体系。

3. 收入水平

以福安市下白石镇下岐村为例，近年来，工商、税务等部门对下岐村村民在海产品批发、销售等方面给予了诸多优惠，已形成一条以大黄鱼网箱养殖、海鲜批发、水产销售为主的特色产业链。据介绍，下岐村已由1996年上岸定居时人均纯收入不到1000元、村财收入和大学生人数均为0，分别增加到2021年的2.76万元、63万元和270人。而霞浦县连家船民人均年收入也从上岸定居前的1000元左右，增加到1万元至2万元不等，不少家庭的收入达10万元以上。

4. 教育卫生

历史上连家船民长年在水上作业，漂泊不定，又经常受海寇的劫掠和官府的税收盘剥，一直挣扎在社会底层，被主流社会和多数岸上居民歧视，不允许他们上岸定居，更不要说通婚等。连家船民的子女往往无法正常求学，从小跟随家人下海作业则屡见不鲜。连家船民的婚姻也面临着近亲结婚、童养媳、姑嫂换亲等伦理困境与生育隐患等。[②] 直到20世纪90年代逐步启动“连家船民上岸定居”工程后，连家船民才在岸边有了固定的房屋，子女才有了正常接受教育的机会和良好的学习环境，受教育水平逐步提升，连家船民也有机会逐步和岸上居民较密切地往来。

以宁德市为例，连家船民全面上岸时，宁德市教育局就统一拨款、规划，在每个连家船民定居乡村建立小学，连家船民的后代从此与岸上村民一同接受正常的文化教育。有一个村庄小学的

---

① 庄严：《连家船民上岸后的“自我升华”》，《福建日报》2018年12月10日。

② 邹声文、许雪毅、董建国：《漂泊者的新生——闽东“连家船民”摆脱千年悲苦命运》，新华社2019年11月18日。

学生最多时达到了100多人，有7名教师。但后来随着学生人数的不断减少，又开始撤点并校，学生只能选择到邻近的学校就读。据介绍，2012年7月，福安市教育局局长阮兆平就率下白石中心小学、福安市第五中学、福安市特殊教育学校的校长一行到下白石镇调研、走访，了解当地连家船民子女的入学情况，并现场解决连家船民子女“入学难”等方面的问题。有些乡村对考上高中和本科院校的家庭困难学生，在学习期内还给予每年500元至2000元不等的奖励资助。随着受教育水平和总体收入水平的不断提高，连家船民发展就业和社会交往的范围进一步拓宽，也加快了他们融入社会的进程。

目前每个连家船民上岸定居乡村至少建有1个卫生所，每个卫生所有配备1名医生，能看一些简单的疾病。值得一提的是，新一代连家船民对互联网等信息技术并不陌生，能够利用这些技术进行信息搜集、浏览、整理与沟通，并未在信息时代被边缘化。这也使新一代连家船民的学习、交友与教育观念等发生了极大变化，帮助他们更好地适应和融入现代社会。

（二）相关部门持续关心连家船民

新中国成立后，各级政府均关注到连家船民这一特殊的社会群体，对连家船民进行普查登记，并着手改善连家船民的生活、推动连家船民上岸定居等工作。事实上，连家船民一直是福建省扶贫攻坚等工作的重要目标群体。为更好解决连家船民的脱贫与定居乡村发展振兴问题，政府采取了诸多措施，如便民利民政策的实施、医疗卫生工作的加强、教育资金的支持以及当地交通设施的不断完善等，都有效促进了连家船民“搬上来”“住下来”“富起来”。从连家船民上岸的过程上看，20世纪50年代初期到70年代末期，福建省先后两次调拨资金和木材帮助连家船民上岸定居。1966年2月，中共中央批转水产部党组《关于加速连家船渔船社会主义改造的报告》，这在全国范围内加速了连家船民上岸定居工程的实施。特别是1998年，福建省人民政府发布了《关于做好连家船民上岸定居工作的通知》，计划在三年内对全省18466名连家船民进行安置，给予每人800元补贴。①

连家船民实现上岸定居，真正结束了他们在水上漂泊的历史。此后，不同县市根据当地连家船民不同的生存发展情况又采取了一些帮扶措施。如宁德市将"连家船民上岸定居"工程列入为民办实事项目，率先在全省实施让全部连家船民上岸生活的"造福工程"；罗源县则是建立挂户帮扶制度，下拨补助款项，不断完善基础设施；福州市台江区将重点放在了连家船民所居住的棚屋区集中改造上，满足了居民日常生活的需要；等等。各级政府和相关部门一直关心连家船民的发展变迁，实施系列帮扶措施，逐步帮助连家船民适应岸上生活，真正摆脱贫困，过上了更加美好幸福的生活。

二、比较优势与不足

（一）自身条件限制及社会发展环境等的制约

总体而言，由于受教育水平、自身综合素质与经济条件等方面的限制，尤其是生产生活方式、劳动与风俗习惯、思想意识与社会交往方式等与岸上居民有一定差别，上岸后老一辈连家船民的社会交往和参与相关活动的机会较少，甚至不愿与他人进行交流。值得注意的是，由于连家船民祖祖辈辈传承下来的谋生手段较为单一，刚上岸时他们既不能再像过去一样便捷地从事渔业生

---

① 中央党校采访实录编辑室：《习近平在福建（上册）》，中共中央党校出版社，2021，第74—76页。

产，又无法很快掌握其他职业技能，难以获得其他就业机会。[①] 这就导致了连家船民上岸后在相当长一段时间内经济状况难以改善，与岸上居民的贫富差距凸显。对于连家船民来说，上岸定居既是一个挑战，同时也是一个难得的发展机会。他们要尽快适应岸上的生活，掌握新的职业技能，从而实现就业和收入的多元化，同时也获得更多的社会交往机会。

（二）连家船民历史与传统文化传承创新受阻

由于独特的水上生产与生活方式，连家船民形成了有别于岸上居民的民俗文化，包括居住、婚嫁、歌唱、信仰等。总体而言，他们的婚庆习俗具有浓厚的闽越文化特征，他们采用的是“以船代轿”的接亲方式；他们崇拜蛇，会在船上或家中供奉蛇神像。每年九月九日蛇神的诞辰都会登岸祭祀。直到今天，福州及其周边一些地方还保留着“九使庙”，专门用来祭祀蛇神。但最具特色的当属疍民渔歌。其种类多样，“盘诗”为即兴吟唱，男女音调各有特色；“贺年歌”在春节期间传唱，寓意美好；“采莲鼓”常常配合渔鼓演奏，过去连家船民通常边敲锣打鼓边对唱。[②] 随着连家船民逐渐上岸定居，他们的生活发生了翻天覆地的变化，这导致一些传统习俗逐渐消失。多数村民对连家船民的历史、文化知之甚少，无法详细回答自己的祖籍地及姓氏来源，部分连家船民甚至不能认同自己的族群身份。换句话说，昔日“人不离船，船不离海”的生活已成为历史，他们对“水”的依赖逐渐减低，水文化的象征也在逐渐淡化，疍家渔歌、信仰习俗等更多地存留于老一辈连家船民的记忆深处。

---

① 蓝永常、徐文渊：《韶关疍民的生存困境与对策》，《韶关学院学报》2020 年第 4 期。

② 王炯丹：《疍民的社会生活》，《山西青年》2020 年第 11 期。

（三）特色产业发展与培育等方面问题与挑战

连家船民上岸后大多仍选择从事捕捞、养殖等与渔业相关的行业，在此过程中，也逐渐暴露出其特色产业培育与发展潜力不足等问题，尤其是未能充分利用其特有优势实现文旅经济发展与一二三产业深度融合，普遍存在对自身文化认同与重视程度不高的问题。在产业升级与高质量发展方面，多数连家船民上岸定居乡村呈现出区域特色资源深度开发利用水平低，现代服务业发展仍处于萌发阶段，对于乡村经济发展的支撑乏力，渔业品牌的培育与推广任务十分艰巨等问题，加快渔业品牌建设已成为加快现代渔业发展和转变渔业发展方式的当务之急。换言之，从地区的自然和人文环境出发，以品牌培育带动传统渔业转型升级是当今现代渔业发展的大趋势，也是特色富民产业培育的客观需要。只有加快培育特色产业、发展新业态，深度挖掘、传承区域文化的内涵与特色，才能让“老树长新枝、枯枝发新芽”，推动传统产业新的发展与振兴。

（四）海洋资源开发利用与保护间的矛盾加剧

常言道：“靠山吃山，靠水吃水。”连家船民虽然已上岸定居发展，但他们多数仍离不开海洋资源。为了扩大生存空间与种养面积，他们不断进行围海造地、围涂造地、海底挖沙等不合理的海洋开发活动，改变了海域的自然地理环境，一定程度上影响甚至破坏了海洋生态环境。此外，连家船民多数依靠发展水产养殖实现脱贫致富，但在水产养殖业突飞猛进的同时，由于长期以来片面追求扩大养殖面积与产量的增长，缺乏科学合理的安排，形成了大面积、单品种、高密度的养殖格局。他们还投放大量的饲料来提高产量，由此带来残留物质难以有效降解、及时清除，养殖水域出现水质恶化乃至富营养化，造成了严重的生态环境问题。

(五)政策措施针对性和部分项目适用性不足

值得注意的是，随着时间的推移，各地市不同程度存在着相关扶持与重视程度下降以及部分项目的适用性不强等新问题、新情况。既包括缺乏针对连家船民的专项资金支持与政策措施等，也包括扶贫政策与相关标准缺乏针对性和区域差异性，从新农村建设到美丽乡村建设，部分新建项目对连家船民的适用性不强、综合效益不高等，这些都亟须改变和提升。

三、路径与策略选择

(一)加强村集体经济发展与基层党建工作，提升发展振兴活力

发展壮大集体经济是增强基层党组织凝聚力、提升基层党组织战斗力的重要支撑，也是推动乡村产业兴旺、促进农民增收致富、全面建成小康社会的重要途径。乡村振兴背景下，应当不断增强、发展创新壮大集体经济的手段、优化村集体经济结构，切实推动村集体经济高质量发展。包括大力推进特色富民产业发展，深入开展“党建富民强村”工程，促进村财增收、村民致富。如福安市下白石镇下岐村通过引导村民发展池塘养殖大黄鱼、春子鱼、海蛏1000多亩，同时采取优惠政策鼓励年轻党员、大学生创业，主动对接工商、税务部门，帮助60多户村民发展商贸、零售等第三产业，终于在2017年实现了脱贫。

“扶贫先扶志”，加快完善基层党建工作、推进集体经济发展建设逐渐成为下岐村的重点工作。近年来，下岐村党支部立足渔村特点，通过组织设立、搭建“水上党校”“党员驿站”“渔民夜校”等平台，宣传推广“上岸定居当自强”的理念，同时组织党员

干部送政策、送知识、送技术，教育、引导村民发展创业、创新脱贫，积极创新帮扶载体；通过推行“党员代办制”，形成了“网点收集、党员代办、限时办结”的直接联系服务群众模式。[①] 此外，还邀请党校教师、海洋与渔业局专家、先进模范等，进行思想政治、渔业技能等方面的交流学习与技能培训。在下岐村党支部的带领下，村民们纷纷从事海产养殖、海鲜销售、电焊、餐饮等行业，涌现出如建筑技师江成财、养殖能手江成寿等一批带头致富的能人，2022 年村民人均纯收入达到 30360 元。未来，必须继续坚持党建引领，不断完善基层党建工作，才能更好地走出一条连家船民上岸致富的乡村振兴之路。

（二）加强教育培训与现代特色产业的发展，增进融入社会能力

人才培育与振兴是实施乡村振兴战略的重要环节。现代渔业具有高风险、高成本的特点，而连家船民是以渔业为主要生计来源的群体，因此，进一步加强教育培训与现代特色产业的发展建设，是当前连家船民上岸定居乡村加快实施乡村振兴战略的必然要求。然而，不同的连家船民需要加强教育培训的内容大不相同。为此，加强和改进对连家船民的教育培训，首先要深入开展调研与沟通交流，以便更好地了解连家船民的真正需求及其面临的困境，并组织有针对性的培训，包括渔业经营管理、法律法规知识、先进设备技术等。其次是要注意选择和创新教育培训的方式方法。当下互联网已经大大地改变了人们的学习生活方式。有必要及时调整传统的集中组织教育培训的方式，通过互联网开展不受空间、

① 陈淑美、林全金、田小彪：《积极老龄化视角下疍民老人社会参与的研究》，《就业与保障》2021 年第 22 期。

时间等限制的远程教育培训活动。①

此外，在全面推进乡村振兴的背景下，为更好实现连家船民上岸定居乡村渔业产业化、现代化、绿色化发展，包括补齐水产品加工产业链条短板，可以通过政府政策扶持、招商引资或引进战略投资合作伙伴等方式，不断加大资金与科技、信息投入力度，并在渔业养殖集中区域建设一两家现代渔业深加工企业，形成产销及渔旅融合的较完整的产业链条。在此基础上，合力打开水产品销售出口市场，提高产品附加值，增强市场竞争力，提高产业化发展效益。

（三）加强文旅资源综合开发及传承保护，增强持续发展潜力

目前，福建、广东和海南等地政府已经把连家船民的民俗文化列入国家级和省级的非物质文化遗产申报名录，并尝试在民俗旅游视角下对其进行文化传承与创新。独特的连家船民文化及海景风情将会给当地发展带来更多的商机，从而推动地方经济社会的发展与文化振兴；更重要的是，可以利用现代艺术手段，将传统民俗、技艺、民间艺术等进行创造性转化、创新性发展，达到文化传承与保护的目的。② 福安市举办的特殊的渔民节日——连家船民上岸节，就是一个将文旅资源综合开发与保护相结合的生动例子。连家船民上岸节的举办，既有利于更好地总结与传承连家船民文化，又可以吸引外地游客前来旅游观光、购物消费等，较好地推动了当地经济社会发展。

此外，数字媒体技术的迅速发展成为文旅资源综合开发的创

① 潘征主编《乡村振兴的老区苏区实践》，中国农业出版社，2022，第3—14页。

② 郑泳华：《疍民民俗文化旅游纪念品的开发设计》，《四川旅游学院学报》2021年第1期。

新方法，也为乡村文旅融合发展提供了新的选择。例如，可以通过虚拟现实技术、可视化展示、纪录片介绍等，更加生动、灵活地传播连家船民文化。又如，利用虚拟现实技术让人们体验渔业劳动的过程，游客在观赏与体验中留下深刻印象。

（四）加强连家船民相关研究及宣传推介，凝聚起全社会合力

连家船民研究始于20世纪20年代，至今已有百余年。最初学者是在民俗学视角下开展这方面研究，但实际上连家船民研究涉及的学科领域十分广泛，包括了历史人类学、海洋人类学等多个学科，需要跨学科的知识和视角。显然，通过综合研究收集翔实信息、获得相关成果是对连家船民文化进行传承、创新与宣传推广的基础，而对连家船民文化的宣传推广在一定程度上又起到引发人们关注，从而推动相关研究向深层次发展的作用。[①] 新形势下，应进一步推进各大媒体扩大宣传，包括利用各种主流媒体平台扎实做好连家船民上岸与新生的典例宣传，如电视剧《连家船民的美好生活》于2021年12月在福安市下石镇下岐村开机；同时，要把传统宣传方式和互联网宣传方式结合起来，通过创作一批人民群众喜闻乐见的文艺作品，如渔歌、舞蹈、沙画等，让连家船民文化宣传覆盖面更大，更有渗透力度。通过一系列宣传动员工作，引发更多人关注和关爱连家船民这一特殊群体，营造出助力连家船民的良好舆论氛围，推动相关研究走向深入，推进连家船民上岸定居乡村全面振兴。

---

① 周大鸣、马露霞：《跨学科的魅力：百年疍民研究的人类学意义》，《民俗研究》2021年第2期。

（五）加强海洋资源开发利用与保护相协调，实现产业持续发展

连家船民在开发利用海洋资源时要坚持生态保护优先，真正处理好海洋资源综合开发利用与生态环境保护之间的关系。政府相关部门要进一步完善海洋生态环境保护的相关法律法规，将“禁渔期”“海洋环境保护”等措施落到实处，尤其是要对违反相关法律法规的行为进行整治，包括强化对渔业养殖水域污染源的有效控制，避免污染物不断进入海域；还应定期进行海域的生态监测与修复工作，对被污染和破坏的海域进行生态补偿和修复，进一步强化海域生态保护与管理工作，逐步恢复海域的生态平衡。此外，还应努力提高连家船民的生态文明意识，相关部门要有计划、有组织地开展生态文明教育，指导渔民更科学合理地发展高效生态渔业，通过增殖流放等方式，丰富海域渔业资源，实现生物多样性，走绿色、可持续、高质量的发展道路。

（六）加强和改进连家船民政策扶持与引导，扎实推动共同富裕

在全面推进乡村振兴的背景下，各级政府在制定和实施相关政策措施与规划建设相关项目时，应更加全面、综合考虑不同类型乡村的区域差异性和项目的针对性、有效性与可行性。尤其是要研究、出台一批针对连家船民的政策措施，认真落实各级政府相关部门推动连家船民上岸定居乡村发展振兴的政策法规和各项配套政策措施，充分调动连家船民及其上岸定居乡村实现跨越式发展的积极性、迫切性和主动性，在产业、教育、文化、医疗、生态、组织等方面大力支持、鼓励发展；同时，进一步加强对连家船民给予财税和金融等方面的扶持与引导，积极争取相关部门的智力支持与专项资金，引导社会组织与民间资本进入乡村，增加连

家船民的就业机会和收入来源，促进乡村的全面振兴和连家船民的共同富裕。

从“上无片瓦，下无寸土”到“搬上来”“住下来”“富起来”，连家船民上岸定居工作是习近平同志在闽工作期间开展扶贫工作的一次生动实践，也是全国美丽乡村建设的重要探索，意义重大、影响深远。尤其是随着经济社会的不断发展，通过自身努力以及各方支持，许多连家船民上岸定居后逐步富裕起来；而连家船民文旅资源综合开发、对当地村民实施教育培训及加快现代特色产业发展培育等，也为连家船民上岸定居乡村经济社会发展注入了新的活力。但部分连家船民由于文化教育培训不足、自身条件限制等原因，发展仍存在不少困难与阻力。这些困难亟须多方共同努力，尤其是连家船民的职业技能提升等需要进一步改善，从而适应美丽乡村建设和区域经济社会发展。我们还应当充分认识基层党组织的引领作用，各部门要完善和创新相关体制机制，加大连家船民相关研究工作的开展力度并拓宽宣传推广渠道，努力做到“六个加强”，吸引更多人关心关注连家船民，帮助他们更好融入社会，共同推动连家船民上岸定居乡村全面振兴与连家船民共同富裕。

参考文献

习近平. 在“不忘初心、牢记使命”主题教育工作会议上的讲话［J］. 求是，2019（13）：4—13.

中央党校采访实录编辑室. 习近平在福建（上册）［M］. 北京：中共中央党校出版社，2021.

中央党校采访实录编辑室. 习近平在福建（下册）［M］. 北京：中共中央党校出版社，2021.

中央党校采访实录编辑室. 习近平在宁德［M］. 北京：中共中央党校出版社，2020.

习近平. 摆脱贫困［M］. 福州：福建人民出版社，2014.

本书编写组. 闽山闽水物华新——习近平福建足迹（上、下册）［M］. 福州：福建人民出版社，北京：人民出版社，2022.

［宋］蔡襄. 蔡襄全集［M］. 陈庆元等，校注. 福州：福建人民出版社，1999.

林校生. 陆游笔下宁德的风土人情［G］//宁德市诗词学会. 山风海韵：宁德市诗词学会作品集. 福州：海峡书局，2017.

李健民. 品读福安［M］. 昆明：云南大学出版社，2011.

郑昌新. 东升渔村巨变［A］//中国人民政治协商会议福建省连江县委员会文史工作委员会. 连江文史资料：第七辑，1989.

高琴. 口述影像历史——与共和国同行（1949—1978）：第二

卷［M］. 北京：中国摄影出版社，2019.

张英慧. 水上追梦人——台江疍民生活趣事［G］//中共福州市台江区委宣传部，福州市台江区文学艺术界联合会：品读台江. 福州：海峡文艺出版社，2012.

厦门市地方志编纂委员会办公室. 厦门志［M］. 厦门：鹭江出版社，1996.

李健民. 闽东疍民研究三题［C］//广东省社会科学界联合会，东莞理工学院，东莞市社会科学院. 第二届疍民文化学术研讨会论文集，2013.

惠西成，石子. 中国民俗大观（上）［M］. 广州：广东旅游出版社，1988.

林聪生. 福州传统习俗［M］. 福州：福建美术出版社，2020.

福建省炎黄文化研究会，中国人民政治协商会议福州市委员会. 福建海洋文化研究［M］. 福州：海峡文艺出版社，2009.

康延平. 告别棚屋［M］. 福州：海峡文艺出版社，2001.

林开明. 福建航运史（古近代部分）［M］. 北京：人民交通出版社，1994.

刘芝凤等. 闽台农林渔业传统生产习俗文化遗产资源调查［M］. 厦门：厦门大学出版社，2014.

黄向春. 清代福建的蜑民［C］//广东省社会科学界联合会，东莞理工学院，东莞市社会科学院. 第二届疍民文化学术研讨会论文集，2013.

福州市仓山区建设志编纂委员会. 福州市仓山区建设志［M］. 北京：中国建筑工业出版社，1993.

［美］R. S. Maclay. 生活在中国人中间［M］. 桂林：广西师范大学出版社，2013.

［美］哈利·弗兰克. 百年前的中国——美国作家笔下的南国纪行［M］. 符金宇，译，成都：四川人民出版社，2018.

林增城. 台江疍民生活的苦难史［G］//中国人民政治协商会议福州市台江区委员会，台江文史资料：第五辑，1989.

郑丽生. 郑丽生文史丛稿［M］. 福州：海风出版社，2009.

郭志超. 闽台民族史辨［M］. 合肥：黄山书社，2006.

福建省档案馆. 近代福建社会掠影［M］. 北京：中国档案出版社，2008.

［英］施美夫. 五口通商城市游记［M］. 温时幸，译，北京：北京图书馆出版社，2007.

孙星群. 福建音乐史［M］. 北京：中国戏剧出版社，2008.

林广，林庚. 黄岐史略［M］. 福州：福建美术出版社，2019.

邓传安，陈盛韶. 蠡测汇钞　问俗录［M］. 北京：书目文献出版社，1983.

刘长仪. 从“白水郎”到“水生人”：疍民的生计变迁与认同建构［G］//张先清. 山海文明：跨学科的视角——第一届山海文明高峰论坛论文集. 上海：复旦大学出版社，2019.

林亦修. 温州族群与区域文化研究［M］. 上海：上海三联书店，2014.

福建省地方志编纂委员会. 福建省志·水产志［M］. 北京：方志出版社，1995.

罗源县民间文学集成编委会. 中国民间歌谣集成·福建卷·罗源县分卷［M］，1989.

［明］郑晓. 皇明四夷考［M］. 北京：文殿阁书庄，1937.

福州市政协文史资料和学习宣传委员会. 福州内河史话［M］. 福州：福建人民出版社，2018.

杨济亮. 福州地区水上居民的精神文化生活及其时代变迁［G］//赵麟斌. 闽台民俗散论. 北京：海洋出版社，2006.

吴高梓. 福州蜑民调查［J］. 社会学界，1930（4）：141—155.

邹德珂，项孝挺. 福州市台江区小船户各种统计及其生活状况的调查［J］. 社会研究，1935（1）：151—169.

林蔚文. 福建疍民名称和分布考［J］. 东南文化，1990（3）：30—31.

林秀玉. 浮在闽江上的疍民歌谣［J］. 闽都文化，2017（5）：88—93.

李健民. 闽东疍民的习俗与文化［J］. 宁德师专学报（哲学社会科学版），2009（4）：19—27.

兰生. 闽江上的船娘［J］. 上海妇女，1939（3）：8—9.

杨瑞堂. 福建渔业史志概略［J］. 渔业研究，1994（1）：81—84.

蔡林. 泛船浦“课黎”大屋［J］. 闽都文化，2021（3）：18—24.

叶兴建. 精准扶贫的“宁德模式”［M］. 厦门：厦门大学出版社，2018.

庄严. 连家船民上岸后的“自我升华”［N］. 福建日报，2018-12-10（4）.

方鼎韩，等. 下岐村乡村振兴战略推进现状及建议——基于闽东红色海上交通线白马港段的调研［J］. 现代商贸工业，2021（35）：31—32.

雷津慧，等. 产业兴旺带来渔村蝶变——福建省福安市下岐村乡村振兴秀美画卷徐徐展开［N］. 农民日报，2022-08-11（6）.

张文奎. 福安溪尾：“海上社区”有温度　连家船民同致富［N］. 闽东日报，2022-09-20（5）.

叶志坚，肖剑南. 中国共产党人初心使命的生动诠释——福建宁德脱贫致富的样板、经验与启示［J］. 宁德师范学院学报（哲学社会科学版），2021（2）：1—6.

张文奎. 宁德溪邳村：产业升级　幸福感升级［J］. 海峡通讯，2020（4）：1.

吴旭涛. 上岸迎来新生活　连家船民喜丰收［N］. 福建日报，2022-01-10（1）.

郑瑞洋. 连家东水村：瞄准“鱼”“丸”　向海而兴［N］. 福州晚报，2022-02-23（8）.

何月华. 生态位理论视角下的流域与族群——基于明清时期邕江流域的历史考察［J］. 社会科学战线，2020（10）：136—142.

郑秀杰. 连家船，海上的漂泊之旅［J］. 炎黄纵横，2018（10）：61—62.

雷大毕. 别具一格的海上婚俗［J］. 青年文学家，2022（9）：56—58.

刘季鸣. 霞浦船民族群身份的演变历程［J］. 福建史志，2018（5）：26—30，63.

林耀琳，吴庆堂，雷津慧. 从贫困县到全国百强县，福安一路奋勇前行［J］. 中国老区建设，2021（10）：25—27.

潘征. 乡村振兴的老区苏区实践［M］. 北京：中国农业出版社，2022.

李肖颖. 下白石下岐村从摆脱贫困到乡村振兴的探索［N］. 闽东日报，2022-04-01（6）.

阎祥东. 沿海渔村振兴面临的困境与对策［J］. 中国农业会计，2021（10）：79—80.

徐凤丽，张郃. 关于实现渔村振兴的路径探索［J］. 江苏商论，2022（01）：107—110.

叶志坚，肖剑南. 从摆脱贫困到乡村振兴——习近平扶贫发展战略的成功实践［J］. 福建党史月刊，2021（1）：4—8.

翟峰.“乡村振兴”探论［J］. 决策咨询，2021（4）：67—70，76.

李健民. 闽东疍民的由来与变迁［J］. 宁德师专学报（哲学社会科学版），2009（2）：38—44.

张怀燕. 乡村振兴背景下“农村空心化”的思考［J］. 南方农机，2022（1）：87—89.

王俊. 乡村振兴战略视阈下新时代乡村建设路径与机制研究［J］. 当代经济管理，2019（7）：44—49.

王鉴，张盈盈. 新时代我国教师教育高质量发展的逻辑与路径［J］. 重庆高教研究，2023（1）：14—25.

陈艳红. 乡村振兴战略下新型农民职业培训研究［J］. 教育与职业，2022（10）：84—90.

蓝鹭辉，等. 革命老区上杭县数字乡村发展的路径探讨［J］. 台湾农业探索，2022（1）：52—56.

郭斌. 罗源鉴江：文旅迎客　古镇新生［N］. 福建日报，2021-08-05（4）.

刘龙腾，王良. 实施渔村振兴：借鉴、路径与政策［J］. 海洋开发与管理，2019（8）：36—41.

刘亚迪，余连祥，冷华南. 乡村振兴战略背景下现代渔业发展优势、问题及政策分析——以浙江省湖州市南浔区渔业发展为例［J］. 海洋湖沼通报，2020（5）：155—163.

邹琰，等. 乡村振兴战略下渔业绿色高质量发展路径研究［J］. 农业科技管理，2020（5）：18—20.

林巧，张信国，肖威. 绿色渔业视角下海岛渔村振兴路径研究——以舟山市为例［J］. 浙江海洋大学学报（人文科学版），2018（5）：25—29，41.

程明，钱力，吴波. “后扶贫时代”返贫治理问题研究［J］. 重庆理工大学学报（社会科学），2020（3）：81—87.

卜海. 我国脱贫再返贫防范机制的建立和运行问题研究［J］. 江苏师范大学学报（哲学社会科学版），2018（6）：1—9.

鲁成. 贫困地区返贫成因及其治理对策研究［J］. 开封文化艺术职业学院学报，2020（5）：229—230.

杜庆昊. 从乡村振兴战略视角构建减贫治理体系 [J]. 马克思主义与现实，2021 (4)：164－170.

王楠. “三社联动”的社区治理与服务创新分析 [J]. 科学咨询，2017 (40)：6－7.

阮文彪. 乡村振兴中国模式及政府作为 [J]. 现代经济探究，2018 (6)：95－100.

房红梅. 助力乡村振兴　建设美丽家园 [J]. 新长征，2021 (10)：42－43.

陈宝燕. 老旧小区改造研究——以福州台江某小区为例 [J]. 福建建筑，2020 (8)：10—13.

李秀锦. 构建基层社区治理新格局——以福建省福州市为例 [J]. 邢台学院学报，2022 (1)：38—43.

杨雅玲，刘素芬. 智慧社区建设对公共服务供给优化研究——以福州市军门社区为例 [J]. 福建师大福清分校学报，2020 (4)：34—39.

刘晓宇，王鉴欣. 设施完善　住得更舒坦 [N]. 人民日报，2021-04-13 (13).

张帆，张欣. 乡村振兴背景下乡村音乐的文化传承与创新发展研究 [J]. 农业经济问题，2021 (8)：145.

刘瑞峰. 实施乡村振兴战略要统筹兼顾科学规划 [J]. 前进，2019 (3)：49—50.

周文斌，蒋小芳. 优秀乡土文化助推乡村振兴的价值意蕴与路径探析 [J]. 南方农业，2022 (12)：150—153.

李庆华，张博. 全面推进乡村振兴视阈下优秀乡土文化的传承与创新 [J]. 学习与探索，2021 (9)：76—81.

刘长仪. 疍民的社区边界及其身份认同——闽东横屿的个案研究 [D]. 厦门：厦门大学，2019.

周璐. 1949 年以来闽江流域下游的连家船民职业流动的研

究——以闽侯县S社区为例［D］．福州：福州大学，2016．

赵佳乐．连家船民上岸定居的适应性研究——以闽江下游木帆社区为例［D］．福州：福州大学，2016．

郭伯龄，李小燕．加强“连家船”文化传承与保护［J］．政协天地，2013（9）：32．

廖润雪．福建省“连家船”渔民调查分析与政策建议［J］．渔业信息与战略，2012（4）：277—283．

许志跃．传统文化在现代社会的传承与保护——以连家船文化为例［J］．漳州师范学院学报（哲学社会科学版），2012（1）：128—133．

姚金清，郑国锋．霞浦：“连家船民”终结海上漂摇［J］．人民政坛，2000（10）：18—19．

蓝永常，徐文渊．韶关疍民的生存困境与对策［J］．韶关学院学报，2020（4）：95—98．

王炯丹．疍民的社会生活［J］．山西青年，2020（11）：246—247．

陈淑美，林全金，田小彪．积极老龄化视角下疍民老人社会参与的研究［J］．就业与保障，2021（22）：31—33．

郑泳华．疍民民俗文化旅游纪念品的开发设计［J］．四川旅游学院学报，2021（1）：71—75．

周大鸣，马露霞．跨学科的魅力：百年疍民研究的人类学意义［J］．民俗研究，2021（2）：88—96，159．

后 记

从“上无片瓦，下无寸土”到“搬上来”“住下来”“富起来”，福建连家船民上岸定居是习近平同志在闽工作期间开展扶贫工作的重要实践，也是美丽乡村建设的生动探索，意义重大、影响深远。

在各方面的支持引导及自身的努力下，福建连家船民上岸后在住房建设、基础设施、产业发展和文化建设等方面取得了较大进展，走出了一条逐步“摆脱贫困”并“走向新生”的幸福之路。各级党委、政府通过实施义务教育与加强连家船民技能培训、加快区域特色产业发展、文旅资源综合开发与传承创新等举措，为连家船民上岸定居乡村的发展振兴注入了新的活力。

与此同时，我们还要立足实际，着眼未来，进一步调查分析、重新认识连家船民问题的根源与本质，更好解决连家船民上岸定居乡村发展振兴所面临的生产、生活、生态等方面的新困难与新挑战，帮助他们加快转产转业与融合发展，实现全面振兴与共同富裕。尤其是要深入分析、准确把握连家船民上岸定居乡村普遍存在的土地资源紧张、产业单一、人才流失和人口老龄化严重、社会力量参与有限、文化习俗传承创新困难等方面的问题及其成因，进而研究设计出配套解决办法，加快建设宜居宜业和美乡村、推进渔村振兴和高质量发展。显然，这不仅是关注民生的需要，更有着深远的社会历史意义和示范带动作用。

正是在此背景下，闽江学院乡村振兴研究院和人文学院、地理与海洋学院、经济与管理学院、美术学院等院系相关专业师生共同完成了本书的调研与撰写工作，较好呈现了福建连家船民“搬上来”“住下来”“富起来”的生动画面。

各篇章的内容与分工如下。

第一章，福建连家船民的苦难历史与独特文化，翁伟志执笔。

第二章，推动福建连家船民上岸定居，王国栋、靳少非、陈郁青、吴炳玉执笔。

第三章，持续改善福建连家船民岸上生活，符小洪、余华执笔。

第四章，福建连家船民走向新生的探索与期待，邓启明、詹琳、兰子馨、苏柳欣、林姝惠、陈诗婷执笔。

第五章，福建连家船民上岸定居乡村发展振兴之道，邓启明、赖白鑫、兰子馨、李琳欣、连海婷、张志浩执笔。

第六章，福建连家船民独特文化的传承与发展创新，邓启明、林爱平、吴婧执笔。

第七章，合力推进福建连家船民上岸定居乡村全面振兴，邓启明、余美薇执笔。

全书由闽江学院党委书记叶世满担任主编；闽江学院乡村振兴研究院常务副院长、经济与管理学院“闽都学者”特聘教授邓启明，地理与海洋学院副教授王国栋，人文学院副院长、副教授翁伟志担任副主编；闽江学院副校长陈兴明、地理与海洋学院院长陈建明、人文学院院长薛菁、经济与管理学院党委书记陈旭英等，对实地调研和书稿撰写等给予了大力支持。

为了更好完成相关研究工作，学校还专门立项了“连家船民上岸研究”专项课题，经各单位申报和组织评审，由翁伟志、王国栋、邓启明分别牵头承担“福建连家船民历史文化研究”“福建连家船民上岸过程研究”“福建省连家船民定居乡村全面振兴研究”3项课题；邓启明还在此基础上进一步策划和组织申报了2023年度福建省习近平新时代中国特色社会主义思想研究中心重大项目“习近平总书记关于乡村振兴的重要论述研究”。

其间，由乡村振兴研究院、经济与管理学院共同组织、指导的2022年闽江学院“疍民儿女”暑期社会实践队，积极收集相关文献资料与数据、参与实地调研并撰写新闻稿和调研报告等，为相关章节的完成打下了一定基础。调研工作还得到福州市台江区、闽侯县、罗源县、连江县和宁德市蕉城区、福安市、霞浦县等县（市、区）有关部门领导及工作人员、广大村民们的大力支持与配合，他们为本书的形成提供了大量的资料。地理与海洋学院、美术学院部分师生还前往闽东连家船民上岸第一村——福安市下白石镇下岐村，进行专题采访与写生。

在此，谨对所有参与本书专题采访与写生、实地调研与用心撰写、审阅、修改及提供数据资料的师生和各界同仁，表示诚挚感谢！没有大家的支持配合和共同努力就没有本书的顺利出版！我们希望本书的出版，能让更多的人更加关心、关注和支持连家船民，帮助他们走向更加美好的未来！

由于本书内容繁杂、所涉及的学科专业与院系较多，加之调研与撰写的时间仓促、执笔人员经验与能力有限，难免存在一些疏漏，敬请广大读者批评指正。

编　者

2023年12月于福建福州